山岸顕司
慶応会理事長

慶應幼稚舎・
早実初等部・
筑波小学校に
合格する子育て

小学校受験の当日までに
「なにをすればいいのか」が
すべてわかる

書き込み式 合格ノート

現代書林

はじめに

　この本を手に取っていただき、ありがとうございます。

　前著『慶應幼稚舎・早実初等部・筑波小学校に合格する子育て』が、おかげさまで、皆さまのお役に少しは立てたようで、重版となりました。

　読者の方から「おもしろかった」「ポジティブになれた」「わが子のために、やってみようかなという気になれた」「救われました」「子どもが小さいうちにこの本に出会えて幸せです」などの言葉をいただいたことが、私にとって本作を書く原動力となっています。

　私の教室、慶応会は創設以来50年近く、子育てや教育でご家庭のお手伝いをさせていただいております。

　小学校受験の実績としては、直近の10年を平均しても、慶應幼稚舎には会員受験者の4人に1人が合格。早実初等部には3人に1人が合格。筑波小には2人に1人が合格。慶應横浜初等部には4人に1人（開校以降）が合格をいただいております。

　同時に、すべての会員に、いずれかの志望校に合格していただいております。

　これは、会員のお母さんたちのがんばりはもちろんのこと、教職員が全員でお子さんとご家庭に寄り添い、ご指導させていただいていることに依るものと思います。

　慶応会の指導が他の教室のどことも違うのは、その教育哲学です。何より大切にしているのは、地に足をつけた家庭生活を送ることに注力していることです。

　わが子を生活面で自立させ、向上心を育み、父母を敬う子に育てること。さまざまな、生きていくスキルを身につけるように父母が教えること。結局、それらがすべて、小学校受験の役に立つのです。

　つまり、『体力＋知力＋精神力＝輝くわが子』に育てること。

その結果として、入試のときに試験官の目に留まり、「合格」できる
のです。これが最も重要なことです。

　あの子は、頭が良くて性格が良くて、人としての『格』が違う、と
そんなふうに周りの人から思われる。こういう子にわが子を育てたい
と思いませんか？

　本書は、そういう親御さんのための本です。

　そして誤った都市伝説、「幼いわが子を机に縛りつけて、毎日100枚
のペーパーをやらせれば、名門小学校に合格できる」なんてことはお
かしい！　と直観できるお父さんとお母さんのための本です。

　家で自分の役割を自覚して、お手伝いを山ほどできる子は、1日100
枚のペーパーなど簡単にやります！　できるのです。

　向上心が育っているからです。メンタルが強いからです。

　では、どうすればそういう子に育つのか？　どうぞ、前著と本書を
お役立てください。

　本書は小学校受験の書であるばかりでなく、日本中の至る所で実行
できる子育ての書です。中学受験をする小学生も心得は同じ。

　20年後のわが子たちが、世界中で『一目置かれる人物』となること
を祈り、書きました。

〜本書の使い方〜

　本書は「連続エピソード」と「解説」と「今月のホームワーク・目
標と達成表」のトリプルコンストラクションで構成しています。

　「連続エピソード」では、小学校受験を1年後に控えたKくんのママ
が、受験に目覚め、家庭生活を改善し、わが子と手と手を取り合い努
力を重ね、遅ればせながら夫が協力に目覚め、家族が受験に成功する
までの道を辿ります。

　幼稚園の年中11月から、小学校受験が終了する年長12月までの14か
月間を、どのように生活を整えて過ごせば、わが子が「輝く子」に育

はじめに

つのか、そして小学校生活の準備が整うのか、その結果として合格できるのかを描いています。

　毎月別で、「エピソード」は14か月進みます。
　それに対応して各月の「解説」が入ります。
　さらに今月はなにをすればいいのかがわかる「ホームワーク」と、ノート形式で読者のお母さん自身が本書に書き込む「今月の目標と達成表」のページも加わります。

　本書は、お子さんが小学校を受験する2年以上前からお読みいただくと、余裕を持った準備ができると思います。
　でももし読者のあなたが、この本をお手に取ったタイミングが、受験まであと1年を切っていたとしても、ご安心ください。
　先行している集団を追い上げて、追い越すことはじゅうぶんに可能です。
　なぜなら、本書に書かれているノウハウをご存じの方が、まだまだそう多くはないからです。
　賢いお母さんの子たちは、すでにここまで進んでいるのです。前の月にさかのぼって、目標をクリアするようにがんばってください。

　笑えて、泣けて、感動していただけることを願い書きました。
　どうぞ、お役立てください。

2016年8月

慶応会理事長　山岸顕司

● 目次

はじめに …… 3

──年中11月
受験まで365日! カウントダウン・スタート!

- ● 小学校受験、右も左もわからず …… 11
- ● 小学校受験に理解を示さないパパ …… 13
- ● インターネットのなかに潜む小学校受験の魑魅魍魎 …… 15
- ● まずは「一人作戦会議」 …… 16
- ● さぁ教室探し。わが家とベストマッチするのはどの教室? …… 16
- ▶ いよいよあと1年。嵐の1年が到来! …… 20
- ▶ なによりも、生活スタイルの改善。そこで逆転も可能! …… 20
- ▶ 教室の選び方は相性と適性 …… 21
- ▶ その1「体験レッスンで子どものことをほめまくる教室は注意」 …… 22
- ▶ その2「良い教室は透明性が高い」 …… 22
- ▶ その3「なによりも教室の合格実績」 …… 22
- ★ 11月のホームワーク …… 24

──年中12月
さあ、やらなきゃ! 生活改善と年末の行事いろいろ

- ● まずは生活スタイルの改善から …… 26
- ● お手伝いは、ペーパーを使わない心と頭脳のトレーニング …… 27
- ● スター発見 …… 28
- ● わが子の男気をくすぐり、やる気にさせる …… 31
- ▶ 小学校受験の効能──とにかくいろいろ効くんです! …… 33
- ▶ 目標は目に見える形で! …… 34
- ▶ 「ツライこと」もこれなら達成できる! …… 36
- ★ 12月のホームワーク …… 37

──1月
今年が本番! 心のエンジンが今かかる

- ● 受験に直結! 季節の行事を意識して過ごすこと …… 39

- ● 目に見える目標と計画で意識改革 …… 40
- ● 通り過ぎていた街並みも、教材の宝庫 …… 41
- ● なにかが当たる！ わが子の知的興味を触発させる …… 42
- ● とにかく、なにがあっても、短時間でも、ペーパーは毎日 …… 43
- ▶ ペーパーが嫌いな子でも、突破口はある！ …… 44
- ▶ マルをもらわないと気が済まない子は難しい …… 45
- ★ 1月のホームワーク …… 46

—2月
初の「中だるみ・へこみ」の2月

- ● 志望校とは、本命校プラス併願校 …… 48
- ● 模擬試験は、わが子の得意と不得意の「分野」を知ること …… 49
- ● わが子の力を信じて、母親がさせるべきこと …… 49
- ▶ 「負けず嫌い」はそれだけで才能 …… 50
- ★ 2月のホームワーク …… 53

—3月
わが子に才能は必ずある！
とにかくいろいろ試してみよう

- ● 「6歳の課長」を育てる行動観察のトレーニング …… 55
- ▶ 女子校が第一志望だと、早慶合格は望めない!? …… 56
- ▶ 母と子は、人格も魅力も別 …… 58
- ▶ 失敗するのは怖くない …… 59
- ★ 3月のホームワーク …… 60

—4月
いよいよ年長。あと半年しかない？
いや、まだ半年ある!?

- ● 伸び悩みの春 …… 62
- ● 脳の栄養は糖分。でもさらに大事なたんぱく質 …… 63
- ▶ 4月は「志望校に合格できるか？」と予測を立てる時期 …… 65
- ▶ 志望校の確定は7月 …… 65
- ★ 4月のホームワーク …… 66

——5月
がんばっても、がんばっても……
そんな時は外に目を向けて

- 結果が出ない……母はイライラ、子は反抗的 ……68
- ▶「わが子が幸せになれる」学校選び（親が、ではない）……70
- ▶ 志望校に行き、下校時に普段の生徒の様子を観察しよう ……72
- ▶ 沿線・路線を確認しよう ……73
- ★ 5月のホームワーク ……73

——6月
「もうやめようか……」とだれもがジメジメする6月

- 迷って、迷って。結局、先生が頼りの併願校選び ……75
- 早くも親の模擬面接がスタート! ……76
- パパが変わり始めた…… ……78
- ▶ わが家にとって「引き分け」の学校はどこ? ……79
- ★ 6月のホームワーク ……80

——7月
「夏を制する者は受験を制す」
梅雨も猛暑も気合で乗り切れ!

- 大ショック ……82
- 体力と持久力がついて、ペーパーの集中力がアップ ……83
- ペーパーをがんばれる子は家庭教育で育つ ……84
- ▶ 長い夏休み。2か月の攻防戦は親と子の精神の葛藤から ……84
- ▶ 夏はポイント制で「がんばる心」を動機づける ……85
- ▶ 過去問の徹底トレーニングの開始 ……86
- ▶ 類似問題や難問もまんべんなく取り入れよう ……86
- ▶ お母さんの「待つ」修行のクライマックス ……86
- ★ 7月のホームワーク ……87

──8月
もう後戻りはできない。全力で突き進め8月!

- 夏休みは受験最大の山場 …… 89
- 夏合宿は「けじめとメリハリ」のハイライト …… 89
- さあ、富士登山 …… 90
- 人を育てる戦略「ほめる」 …… 92
- 素敵なカン違い大作戦 …… 93
- ▶ 賢いお母さんの魔法の言葉がけ …… 94
- ★ 8月のホームワーク …… 95

──9月
わが子の受験準備もたいへんなのに!
母は願書の鬼になる!

- 初めての入試へ …… 97
- 願書の清書と提出で大慌て …… 98
- ▶ 11月の第一志望合格は、10月校の合格から …… 99
- ▶ 日程が重なったら、どの学校を受けるか? …… 99
- ▶ 合格をいただくと、お母さんの自我が格段に安定する …… 100
- ▶ わが子は受験するたびに成長する …… 101
- ▶ 最大のメリットは「わが子がどういう子かがわかる」ということ …… 102
- ▶ 願書は予備用に2部用意 …… 103
- ★ 9月のホームワーク …… 105

──10月
親として覚悟を決める!

- 最初に受けた受験の結果は? …… 107
- 来週からついに11月 …… 109
- ▶ 10月は、残り直線100メートルの勝負 …… 110
- ▶ 10月に、必ずやっておかないといけないことは …… 110
- ▶ 受験当日はなにに気をつければよいか …… 111
- ▶ 「まさか……」の一番大切な忘れ物 …… 113

―11月
最後はメンタル! 泣くより笑おう! THE本番!

- 受験本番スタート。怒涛の連日 ⋯⋯ 115
- 早くも後半戦に突入! メンタルが大事! ⋯⋯ 117
- わが家は大団円をどう迎える? ⋯⋯ 121
- ▶ 受験当日は、わが子を本調子で送り出してあげてください ⋯⋯ 123
- ▶ お母さんの直前の一言が、お子さんのがんばりを後押しする ⋯⋯ 124
- ▶ 喜びと悲しみの11月 ⋯⋯ 125
- ▶ 第一志望合格だけが成功じゃない ⋯⋯ 126
- ▶ わが子の前ではお母さんは泣かないで⋯⋯ ⋯⋯ 127
- ▶「受験の神さま、あのとき落としてくれて、ありがとう」 ⋯⋯ 128
- ▶ さぁ、11月の2週目以降に入って ⋯⋯ 130
- ▶「抽選だから国立小は運さえあれば合格する」は大間違い ⋯⋯ 131

―12月
そして迎えるグランドフィナーレ。
お茶の水・筑波は最後の砦

- 神さまの思し召し ⋯⋯ 132
- 身についたのは、親子して困難から逃げない生き方 ⋯⋯ 133
- 最後は、わが子を信じること ⋯⋯ 134
- ▶ 受験の仕上げは家族会議! ⋯⋯ 136
- ▶ 自分で決めた学校に通うということ ⋯⋯ 136

おわりに ⋯⋯ 141

受験まで365日!
カウントダウン・スタート!

●エピソード年中11月
小学校受験、右も左もわからず

　Kくんのママが、白金台のうねった坂の中ほどにあるイタリアンレストランをあとにしたのは、10月のある日の遅い昼下がりでした。
　プラチナストリートに停めたBMWやメルセデスにそれぞれ乗り込み、運転席の窓をスーッと降ろし、「じゃあね」と軽やかにひらひらと手を振って走り去る大学時代の女友達と別れ、Kくんのママは渋谷行きのバスに乗りました。
　ふと気づくと、ついさっきみんなの話題の中心だった慶應幼稚舎の前で、バスは信号待ちの停車をしています。
　正門には象徴的な青磁の陶板が見えます。その小さな陶板の一枚一枚には、慶應義塾幼稚舎の文字が浮き立ち、さりげなく、気高く、ここがどこであるかをあたりに広く知らしめています。
　「ふーーっ」と、Kくんのママから長い溜息が漏れました。
　「すごいなぁ、慶應幼稚舎。U美は息子をどうやって合格させたんだろう？」
　それが素直な感想です。
　「やっぱり、ご主人が慶應のご出身だからかしら？　でも、幼稚舎を受験する家で、パパかママが慶應出身なんていう人は山ほどいるだろうし、お医者さまだからかな？　いや、でもパパは、高校は慶應だけれど、他大学の医学部に出たって聞いたよね、披露宴で」
　おやおや、記憶がずいぶんと遡りましたね、U美の結婚式までとは。

　今日の食事会は、期せずして小学校受験を体験したママたちの放談会となりました。なかでもU美は、幼稚舎にわが子を合格させた母と

して、格別に輝いて見えたのです。

　U美の息子は2年K組でした。話のご披露という感じで、同級生にどういった家庭の子がいるか、というところから始まりました。

　まず、元総理大臣のお孫さんの家庭。パパは現在、外資系企業の為替ディーラー。政界に転身するかは未定。もちろんのこと、パパも幼稚舎のご出身。

　はい、次。プロスポーツチームを所有する、誰もが知る企業のオーナー家のご次男。もちろんご長男も幼稚舎に在校中。などなど。

　U子はスパークリングウォーターで一息つきながら、「幼稚舎のクラスはK・E・I・Oって分かれているけど、なかでもK組は慶應の関係者とセレブ家庭だけで特別に構成されている、なんて都市伝説があるじゃない？　もう、困っちゃうわよ。うちなんかが一緒なんだから、それがデマって、明らかじゃない」。

　Kくんのママはくすりと笑いました。そういえば、U美ってこういうところ、あったなぁ。謙遜だか自慢だかわからないような発言。私はそこがおもしろいと思っていたけど、嫌いな子、いたなぁ。

「でも、意外にサラリーマン家庭も少なくないのよ。うちみたいな実力組もいるし、縁故がある人ばかりじゃない。これは事実」

　そしてU美は続けました（前著の52ページをご参照ください）。

「だから、がんばって」と、Kくんのママを指先でつつくものだから、吹き出しました。それって、うちがサラリーマンで縁故もない庶民だけれど、がんばれば合格の可能性があるかも、ってことじゃない。フツーの人が聞いたら、怒っちゃうゾ。

「Kくんなら可能性があると思う」

　U美は改めて、そんなことを言いました。

「そぉ？　どんなところ？」とKくんのママは、懐疑的です。

「まず、表情が良くて、人目を引くじゃない、Kくんって」

　そう言われれば、悪い気はしませんね。

「前に有栖川宮公園の図書館で会ったときも、目力があって、言葉の使い方が聡明で、頭のいい子なんだなってわかった」

　聡明かどうかは未知数だけど、今朝も「地球の自転は、軸もないの

にどうしてフラフラぶれないの？」なんて図鑑を広げて言っていたな。
　朝、出がけに忙しいから「後で」なんて言っちゃったけれど、もう少し向き合ってあげないとなぁ。受験も考えるとね。そう、ふと思い直したKくんのママでした。
「幼稚舎は、なんといっても行動観察が決め手の学校だから、対策は絶対に必要ね。教室も行動観察をやっていればどこでもいいってわけじゃないし。子どもって影響し合うから、いい子が集まる教室で切磋琢磨しないと磨かれないのよね」
　なんだかU美の話は、急に説得力を増してきました……。

　再び動き出したバスに揺られながら、Kくんのママの頭の中は、もはや小学校受験のこと、それも慶應幼稚舎のことでいっぱいです。
　それもそのはず、実はKくんは、この11月を迎えると、もしも、もしも小学校受験をするならば、残された時間はちょうどあと1年だったからです。今、Kくんは年中さんの秋ですね。
　バスの運転手さんから渋谷に到着したことを知らされるまで、Kくんのママはつり革を握ったまま、無人のバスに佇んでいたのでした。

●エピソード年中11月
小学校受験に理解を示さないパパ

　Kくんのママはバスを降りたその足で、大型書店に向かいました。まずは手掛かりとなる資料収集です。狙いをつけた受験本のコーナーに直行し、「これは！」と思える書籍や問題集をピックアップして帰路につきました。
　Kくんのママにとっては、資料集めや情報分析は「昔取ったきねづか」であり、得意分野なのです。

　Kくんのママは大学を卒業後、商社の総合職に就き、社会の第一線でバリバリ仕事をしている、という意識を持ってハードワークをこなしていました。
　自分は嘱望されていると張り切って社会に出たKくんママでしたが、

現実はそれほど甘くなく、会社では会議の下準備や資料集めやデータの分析など、地道な作業に忙殺される一社員でした。

バリバリという擬音は、どうやら大量の紙の資料を揃えるときに発する音だったようです。

独身のときの彼女はもちろんKくんのママとは呼ばれず、当時はAさんでした。

Aさんは同じ会社で先輩だったJさんに惹かれ、それ以上にJさんの心を射止めたAさんは、おつき合いの後に結婚をしました。

仕事を続ける生活の中でAさんのお腹には新しい命が宿り、そしてKくんのママとなりました。会社の制度を利用して、また仕事に復帰しましたが、2年離れて下の子のRくんを出産したことをきっかけとして、専業主婦となる決意をしたのです。

これからは子育てを通して、わが子の成長の中に自己実現を見つけよう。そんなふうに、少しだけ肩ひじを張った決意だったかもしれません。

子育て、とりわけ幼児教育に熱心だったKくんのママですが、小学校受験にはなかなか向き合えずにいました。

ひとつにはママに小学校受験の経験がなかったこと、そしてKくんのパパの無理解です。パパは地方の出身で、地元の公立小・中と進み、県内の進学校を経て、東京の国立大学に合格し卒業しました。

そのパパは「僕は特に幼児期になにか特別なことをやったわけじゃないし、親が教育熱心になにかをさせたということもないし、でもなんとかなっているんだから、Kもなんとかなるんじゃない?」とのんきなものです。

「はいはい、あなたが優秀なのは知っているけれど、でも小学校の同級生で同じような人って、あなたの他にいる?」というのが、Kくんのママがパパに切り返す定番のセリフなのですが。

夫の無理解が氷解する気配はありません。いつか、なにかのきっかけで、なんらかの化学反応を起こせば、脳内物質に変化が起きるだろう。そう期待してKくんのママは待っているのです。

●エピソード年中11月
インターネットのなかに潜む小学校受験の魑魅魍魎

　しかしKくんのママが、なにより小学校受験をためらっていた原因は、情報不足でした。

　今の世の中、「あの小学校にはこんな準備が必要」とか「教室はどこがいい」など、ネットから簡単に情報を引っ張り出せます。

　でも、「情報はこの世に溢れているのに、本当に必要な、これが真実だと確信できる情報がどこにもない！」。

　それが一番の不安でした。

　Kくんのママは根が聡明で真面目な人です。ネットやお受験ママのクチコミ、根も葉もない噂、無責任な都市伝説、そういったものにやがて取り込まれ、流されて、自分を失っていきそうなことが気がかりだったのです。

　以前、試しにKくんのママは、タブレットを引き寄せ、検索サイトにお受験、幼稚舎、教室などのキーワードを打ち込み、そっとネットの世界をのぞいてみました。

　すると、何十万件というスレッドがヒットします。試しにそのいくつかを読んでみると……そこには学校の悪口、教室の悪評判、なかには個人の名前を挙げての攻撃、お友だちの子どもを悪しざまに言う書き込みなどなど。無記名で、だれも自分の発言に責任を持たずに発信しているのです。

　お受験の世界に跋扈する魑魅魍魎がそこに巣くい、人としての良心を食い荒らしているかのようでした。

　「怖い、怖い、怖い……」とKくんのママはタブレットをクッションの下に押し込みました。そして強く決意したことを自分に言い聞かせるように、Kくんのママは宣言しました。

　「自分の目で見て、自分の耳で聞いた上で判断しよう。そして、実際に自分で体験した人の話には耳を傾けよう。『人から聞いた』という又聞きは信じないようにしよう。もちろんネット情報に振り回されることは絶対に避けよう」

●エピソード年中11月
まずは「一人作戦会議」

　渋谷の書店に行った翌朝、Kくんを幼稚園に送り出した後、下の子が寝付いてから、ママはプレスコーヒーで淹れた苦みの強いコーヒーを一口飲み、自分の出発点となるべき原点を考えることにしました。

　大型書店で買い求めた数冊の本を、さらりと読破したKくんのママは、小学校受験で大事な基礎情報をインプットしていました。

　「自分はわが子をどういう人に育てたいのか」をまず考えてみました。そして、「その子育てを実現するには、どういった小学校の環境が合っているのか」に絞って思案しました。

　「自分で人生を切り開いていく子に育ってほしい。強い子。それでいて思いやりがあって、自分の意見を主張できる子。周りの子から慕われる子。それから……」と考えてみて、そこから先に進みません。

　わが子の子育てが、どのように小学校にリンクしていくのかを考えると、それは家庭で行うべきことなのか、学校に期待していいことなのかが、わからなくなってきました。

　そもそも「慶應幼稚舎はどういった教育の狙いがあるのだろう？」と思い、ママははっとしました。

　今まで、そのことを考えもせずに、あたかも幼稚舎に向けた小学校受験の準備が始まっているような状況に気づいたからです。

　「学校というブランドに振り回されないようにしなきゃ」

　Kくんのママは、原点としての立ち位置を再確認しました。

　そして、U美の言葉を反芻してみました。

　「お受験ママって一生懸命になりすぎて、必ず迷路に入り込むから、客観的に判断してくれる他人の目って絶対に必要。だから信頼できる教室の先生に巡り会うことがなによりも大切ね」

●エピソード年中11月
さぁ教室探し。わが家とベストマッチするのはどの教室？

　U美の口から出てきた教室名をピックアップして、教室のホームペー

ジや受験本で下調べをしました。

「小学校がいろいろあることもわかったけれど、わが家とKの適性が学校と合わなければ、先々いろいろと不都合なことが起きそう。もっと広くわが子のこと、そして学校のことを教えてくれる教室がいいな」

そう思うと、複数の先生の目でKのことを見てくれる教室がいい、と絞れました。

大まかな下調べをして「良さそう」と思えた教室にいくつか電話をかけ、体験レッスンの申し込みをしました。体験レッスンのKの様子を見て判断しようと、Kくんのママは教室体験に乗り出しました。

ペーパーや知育に特化して指導する教室がありました。また、ペーパーや体操、言語、絵画制作のクラスがあり、それらを別々に受講する教室もありました。逆に、ひとつの授業の中に各分野がすべて揃っていて、それらの全分野が時間を区切って構成されている教室もありました。

授業料が月ぎめだったり、まとめて前納だったり、授業は毎回参観だったり、授業の終わりに解説があったりなかったり、教室によって違いがありました。

Kくんのママも教室選びの大筋がつかめてきました。

どの教室にも方針があり特徴も違うから、お母さんの持つ価値観との相性が大事、ということです。

「適性が大事というのはその通りだろうな、学校も教室も」

幸いU美から事前の情報をもらっていたおかげで、いくつか体験した教室も、授業や先生のレベルは一定以上で、不満を感じる教室はなく、やたらと営業優先の教室というのもありませんでした。

教室を見比べておもしろいと感じたのは、それぞれの教室には独自の雰囲気があり、教室ごとに子どもたちの様子やお母さんの雰囲気に違いがあることでした。

けじめとメリハリのある子が多く、当然ながらそういった子を育てるお母さんたちのマナーが総じて良い教室は好ましく思えました。

そんななかでも特に、授業が始まる前はにぎやかで活発だった子ど

もたちが、授業に入った途端に姿勢を正し、ビシッと集中力を高める教室がありました。

子どもを子ども扱いせず、きびきびとした口調で先生が指示を出す授業はとてもスピーディーで、教室の子どもたちの反応も早く、理解力も高くて、テンポよく進みます。

Ｋくんのママは、「今からＫが追いつけるのかしら？」と不安になってしまいました。

授業の終わりごろＫくんのママには面談があり、男性の室長先生から、この教室の方針や合格実績、家庭との連携など、受験の進め方の説明がありました。

そこでＫくんのママは、さきほど湧き起こった不安を質問してみました。

「うちの子、受験に間に合いますでしょうか？」

笑顔の先生は、授業中のＫくんを観察した感想を率直に伝え、Ｋくんの長所を見抜くと同時に、今日からの家庭生活でお母さんが改善すべき箇所のアドバイスをしてくれました。

あたかも合格を保証するような「安請け合い」の対応ではなく、Ｋくんのママはこの教室に、全般的に信頼できそうな印象を持ちました。「やっぱり、自分の目で見て、自分の耳で聞いて確かめないとわからなかったな」と実感し、発信者が不確かなネット情報やクチコミに惑わされずよかった、と思いました。

帰りがけに、教室の廊下を歓喜の声でにぎわす集まりを見かけました。その中心にいるのは、白いニットシャツに紺の半ズボンの男の子、そしてお受験スーツ姿のお母さんです。

Ｋくんのママも先生に案内され、先ほど体操をした広い部屋に入りました。そこへ授業を終了した新年長、新年中の子たちが集まってきて体操座りをし、お母さんたちも後ろのドアから入室して、壁を二重三重にして立ち並びます。

「今日は、スペシャルゲストが来ています」

先ほど授業をしてくれた先生が、「先週、小学校の入学試験を受け

18

て、合格したばかりのお兄さんです。今日は突然ですが、皆さんを励ましに来てくれたのですよ」と言って、新年長や新年中の子どもたちに笑顔を向けました。

「どうぞ、こちらに入ってください」

そう紹介を受けて現れた男の子は、背筋がぴしっと伸びた姿勢で前に進み、まっすぐな目を皆に向けて立ちました。

まわりのお母さんから、「Tくんだ」「合格ね」「やっぱりね」と口々に声が聞こえてきます。

「お名前を教えてください」

「Tです」

「Tくんはどこの小学校に合格したのですか？」

「暁星小学校です」

「おめでとうございます！」

わっとその場に拍手が起きました。

司会役の先生が、次々にTくんに質問します。それに、はきはきとした口調で的確に答えるTくんは、まさに利発の一言です。

皆が目撃したのは、子どもらしい、そして目の覚めるほど聡明な6歳児の笑顔です。その姿にお母さんたちの笑顔が溢れました。

この場の状況すべてに圧倒されて、Kくんのママは鳥肌が立つのを覚えました。

続けて先生の声に促されて登場したのはTくんのお母さんでした。地味な受験スーツ姿のお母さんは、控えめにTくんの後ろに立ちました。そしてTくんの肩に手を置き、受験を決意し、2歳でこの教室に通い始めた日から、一昨日の合格までに出会った苦難を語り始めるうちに、感極まって涙が頬を伝わり始めました。

それが合図かのように、感情移入したその場のお母さんたちは一斉にハンカチを取り出し、最難関の小学校に合格した先輩お母さんを仰ぎ見ながら感動を共有しています。

「すごいっ！　受験熱って感染力が強いかも」

Kくんのママも心を動かされました。

うちのKが、1年後にTくんのように、素晴らしく成長した姿に変身

できるようになるとは、とても思えないけれど。でもこんな少年に育ってくれたらどんなにうれしいだろう。

そう思うと心が熱くなってきます。

「Kと一緒に小学校受験をしよう」

Kくんのママに、自発的な動機が固まりました。

そして「今日、この喜びの輪に加わることができてよかった」と心から思いました。早くも「来年はKの合格を皆さんに報告して、先生や後輩ママと一緒に喜びを分かち合いたい！」と、ハンカチを忙しく頬のあたりで動かしながら、そう決意したKくんのママでした。

いよいよあと1年。嵐の1年が到来!

小学校受験は、親の受験でもあります。

年中さんの11月は、小学校入試まで準備期間が1年です。それってじゅうぶんな時間でしょうか？　短いでしょうか？

それこそ、お腹に宿るわが子のソナー映像を見た瞬間から、わが子への教育を始めるお母さんもいます。そのときから小学校、または幼稚園の入学・入園を考えた子育てが始まっている人もいるのです。特に名門女子校を目指すお母さんですね。

男の子でも、余裕を見るなら2年は準備期間がほしいところです。ゆっくり準備はしつつ、いざ全力でお母さんが走り切れる期間は、年中の秋から1年でしょう。それ以上は精神的にきついかもしれません。

年中さんの11月1日は小学校受験まであと1年となる起点日です。

まず、この日に至るまでに生活を整えていたお母さんは、スムーズに受験生活に入れますね。それまでは全力疾走前の準備期間です。

なによりも、生活スタイルの改善。そこで逆転も可能!

私の教室には、生後半年のベビーカルチャー教室から幼児教育を始めるお母さんもいます。主として、家庭での子育てと教育のクオリティを向上させるためです。

一方で、小学校入試まで1年を切った時点で体験レッスンに来る人もいます。すでに教室では先に入会し、日々がんばっているお子さんがいますから、いろいろな点でわが子が遅れていることを感じ、焦ってしまうかもしれません。

でも、それまでの差を、短期間で一気に詰める子もいます。そういうことができるのは決まって、生活能力の高い子です。

生活面で自立している子は吸収力が高いです。自分のことは自分でやることが身についている子は、あっという間に知育の先頭集団に追いつくことがあります。

生活面で自立をしていない子は、一見して幼く見えます。その多くの原因は、今までお母さんが、子どもかわいさの余り、わが子にいろいろとさせる機会を奪ってしまったことにあります。

「わかりました。今から、なんでもわが子にやらせます！」と、その点を理解して、猛然と追い上げる「ママのやる気」が時間的な遅れを取り戻すのです。

教室の選び方は相性と適性

「小学校受験は教室の選び方で半分が決まる」

これは受験を終えた多くの父母からの声です。

そして、家庭の方針と合う教室に通った人は満足のいく結果を得て、家庭とは考え方の相性が合わない教室に通った人はそれなりの結果であることが多いようです。

どの教室も、授業の進め方や父母との関係の持ち方にスタイルがあります。

また、どの家庭にとっても、どんなお子さんにとってもパーフェクトという教室はなく、あくまで先生や教室との相性と適性が大事ということです。

小学校受験を目的とした教室は、規模の大きさから3つに大別できます。

①大手で名前が知られ、各地でチェーン展開をしている教室

②1か所の教室で、複数の先生がクラスや個人に授業を行う教室
③個人の先生が、主に紹介のある家庭の子女を迎えて行う教室

どの教室がいいかは、家庭が教室になにを求めるかで決まります。

一般的には大手の教室が、聞き覚えがあるという点では敷居が高くないでしょう。

一方、なにやらいろいろとご事情がおありの家庭は、個人の先生に通う人も少なくないようです。

教室の代表者である私が「良い教室の見分け方」をお伝えするのは、我田引水のようにとられるかもしれませんが、私の仕事は人助けです。お伝えします。

その1「体験レッスンで子どものことをほめまくる教室は注意」

ほめておだてて契約に持ち込むなんて、勧誘商法じゃあるまいし。そんなことより、先生との面談で、ちゃんと子どもの長所と短所を把握できる観察眼があるかが大事です。そこを確かめましょう。「うちの子はどういう子でしょう?」と質問をして、確かめてくださいね。

その2「良い教室は透明性が高い」

合格者が多いとうわさを聞きつけて問い合わせてみたら、実は縁故をお持ちのおセレブ家庭ばかりが集まる教室だった、では困ります。

その教室の指導が良いから子どもが伸びて合格したことが、はっきりとわからない教室は「?」です。

その3「なによりも教室の合格実績」

①合格者数より合格率

「合格者数が〇〇名」とうたっていても、あちこちで教室展開をしているところなら、たくさん生徒はいるでしょう。

また一人の子がいくつもの学校に合格していて、合格者数を稼い

で見せていることがあるかもしれません。

　数字のトリックを見破るには、個人名を伏せた上で、子ども一人ひとりがどの学校に合格しているのかを示す一覧表があると一目瞭然です。しかし、そういう資料を見せてくれる教室は限られているかもしれません。

②情報の開示が適切

　年度ごとに整理された合格実績が示されるファイルを見せてくれる教室は、父母の立場で考えてくれているでしょう。

　子どもの名前や個人の情報を伏せた上で、教室の全会員の模擬テストでの年間成績と合格した学校を一覧表で開示できる教室なら、信頼してもいいでしょう。

　「教室の模擬テストでは、年間平均で何点をとれれば、どの小学校に合格できるのか？」という踏み込んだ予測が立てられ、受験結果がある程度把握できます。

③合格率より全滅率

　「全滅率」とは聞きなれない言葉です。私の命名です。

　その教室で、どの志望校にも合格できませんでしたという家庭があるか、ということです。

　小学校受験で、受けた学校がすべて不合格であったということは、親にとってたいへんつらいことです。まるでそれまでの子育てをすべて否定されたような結果といえるでしょう。そんなことが教室の指導であってはならない、と私は考えています。

　全滅率は、教室なら全力で隠したい数字です。さらに受験に失敗した親は受験したことすら隠すこともありますから、「うちはあの教室で全滅だった」という話が出てくることもありません。見えない数字なのです。

　入試で全滅とは、教室がその子の可能性を引き出せなかったということです。

　お子さんが合格できる可能性のある、適性の高い学校を、親に勧める指導をしなかったということです。

　それは教室の誠意の結論ですから、見極めるべきポイントだと思

います。しかし、教室はなかなか開示しないと思うので、そこをどうやって見破るかは難題です。

　とにかく重要事項です。お子さんを全滅させないために、どれぐらい教室がお父さん、お母さんに寄り添い、進学指導ができるかにかかっています（前著の68〜72ページをご参照ください）。

　結論としては、どの教室も授業料や、お母さんの労力にそれほど大きな差はなく、どこも同じようなものです。しかし内容は大違い。「合格させている教室でないと、合格はできない」。これが最大の違いのようです。

　さあ、これで教室探しが心配なくできますね。しっかりとわが家の教育と合う教室を探して、良い先生に出会ってください。

▌▌ 11月のホームワーク

　11月は「手先を使う機会を多くする」です。

　手先の巧緻性は、脳からの指令が指先までしっかりと伝わっているかどうかを確認するものです。

　箸の使い方がじょうずな子や、はさみを器用に使える子は、知育も発達しています。頭がいいのです。

　まず鉛筆を正しく持ち、適切な筆圧で、しっかりと書くことですね。

　書くときは左手を紙に乗せて押さえる。

　その前に「学習する道具は自分で管理して、準備ができるように態勢を整える」です。大事ですよ。

　ふでばこの中に、ちゃんと自分で削った鉛筆が入ってるだけでも、立派な学習習慣です。

　「お母さんがぜんぶ準備している」では台なしです。わが子の成長する芽を摘まないでね。

※今月の目標と達成表の使い方は、来月（12月）の解説（本書の37ページ）をご参照ください。

年中11月の目標と達成表

わが子の目標を書き、毎日、❀ ○ △ ×で達成をチェックしましょう。

11月	起床・就寝	生活	運動				ペーパー							巧緻性			他
課題(分野)	早寝早起き	お手伝い	模倣体操	なわとび	ボール	指示運動	言語	常識	数	位置	図形	記憶	推理	生活分野	制作	絵画	
目標(例)	20…30 30 6・	配膳・洗濯物たたみ	メリハリをつける	5回	ボールつき5回	スキップ、ケンパー	物の名前など	仲間分けなど	計数、加減など	左右の判断、移動	基本図形が描ける	具体物、数、図形で	系列	かた結び・あやとり	切る、貼る、塗る基本	顔を描くなど	
わが子の目標																	
1( )																	
2( )																	
3( )																	
4( )																	
5( )																	
6( )																	
7( )																	
8( )																	
9( )																	
10( )																	
11( )																	
12( )																	
13( )																	
14( )																	
15( )																	
16( )																	
17( )																	
18( )																	
19( )																	
20( )																	
21( )																	
22( )																	
23( )																	
24( )																	
25( )																	
26( )																	
27( )																	
28( )																	
29( )																	
30( )																	

さあ、やらなきゃ！
生活改善と年末の行事いろいろ

●エピソード年中12月
まずは生活スタイルの改善から

　教室に通い始めると、生活が一変しました。

　ペーパーやら体操やら絵画やらと、毎日こなすべき課題が増えたことはもちろんですが、その前に、生活を整えることが重要だと知らされたからです。

　1日はだれにとっても24時間しかないので、実働時間を増やすために、Kくんのママは生活の見直しを徹底して行いました。

　そして毎日5分ずつ起床時間を早め、約2週間で1時間早くなりました。新たに作った時間で体操とペーパーができます。

　新発見もありました。以前なら、起き抜けのKくんが食卓についても食事は進みませんでした。

　ところが、朝から戸外で体を動かして帰ってくると、意識も胃もしっかり目覚めているので、食欲も増え、しかも食事の時間が短くなり、後片付けさえKくんが自分でできるようになったのです。

　これはさっそく、うれしい変化です。おまけにママも少しすっきり。

　それでも教室に行けば、早くから準備を始めていた他の子たちと比べるとペーパー力が遅れていて、準備不足に気がせきます。

　さらにKくんのママは、日常の暮らしぶりのところどころに穴があることを知り、母親力を問われるように感じ、猛烈に焦るのでした。

　Kくんのママは、受験を意識した子育てをしてきたわけではないけれど、子育ての中でいろいろと教えてきたつもりでした。でもそれは、主に知育を発達させるための教育が多かったと思います。

　ところがその前に、生活の中で意識すべき、基本的に大事なことが結構たくさんあったのです。

●エピソード年中12月
お手伝いは、ペーパーを使わない心と頭脳のトレーニング

　ひとつを挙げれば「お手伝い」です。

　入会早々、教室で第1回の模擬テストがあり、同じ時間帯で、父母向けの講習会が室長先生により行われました。

　まず真っ先に「わが子に家でのお手伝いをいろいろとさせることが大事」というのが先生の教えでした。

　それは本人が「ぼくは家で役割を担っている」と自覚し、向上心が育ち、自立心の基礎を作るから。同時にお手伝いをすることでさまざまな生活スキルが上がり、手順を考え、結果を予測する知力も伸びるから、ということでした。

　「お手伝いは、ペーパーを使わない心と頭脳のトレーニング」だったのです（前著の132ページをご参照ください）。

　すごくシンプルなことなのに、深い意味がありますね。

　そして、失敗からも学べるのです。

　たとえばKくんに配膳を手伝わせるとき、あやまって皿を落として割ってしまうこともあります。そんなときに今までのママは、Kくんを危険から遠ざけることに重点を置いてきました。ママが割れた皿のかけらを集め、新聞紙でくるみ、燃えないゴミに分別する、ということですね。

　ところが教室での教えは違いました。本人に考えさせるのです。

　皿が割れたら、まずどうすればいいか？　ごめんなさいと言葉にして、周りの人に伝えるとともに自分の失敗と向き合わせる。

　そして、落ちたかけらを注意して拾い集める。そのとき、なぜ新聞紙にくるむのかを考えさせる。わが子が答えるのを待つ。よく考えてもわからなければ、「ごみを集める清掃の人がケガをしないようにでしょ」と教える、といったことです。

　「まったくその通りだ」と共感できる日常生活の盲点が、日々の暮らしの中には山ほどあることにKくんのママは気づかされたのです。

　昔の暮らしなら、同居していた祖父母から、いろいろと口うるさく

27

教えられたことだったかもしれません。

　21世紀は親と子だけの核家族化が進み、社会の中で親切でおせっかいな人と接触する機会も少ないから、伝承されるべき「暮らしの中での学び」が極端に減っています（前著の128ページをご参照ください）。

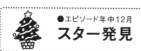
●エピソード年中12月
スター発見

　早くからスタートしている子の中に、目を見張るほど輝いている子がいました。

　くりくりした目にくるくるしたくせ毛、はちきれそうな笑顔が魅力的なIちゃんです。好奇心の強そうなまなざしで、お話の内容も立体的で、小さくまとまっている感じがまるでありません。

　「Iちゃん、とっても素敵なお嬢さんですね」と、レッスン後、帰りが一緒になったKくんのママは話しかけてみました。

　「そうですかぁ？　ゴーイングマイウェイすぎて手を焼いているんですよ」

　笑顔のIちゃんのママは、カジュアルで行動的、そして飾り気のない印象です。

　話を聞くと、まずIちゃんにはお兄さんがいて、なんと幼稚舎生でした。この教室のOBだそうです。それどころかママも、かつて生徒として通っていたOGでした。

　Iちゃんはすでに年少の初めから通っていて、準備はもう3年目。Kくんのママは、そんな話を聞くだけで冷や汗が出ます。

　Iちゃんのママは歯科医としてフルタイムで仕事をしており、当然Iちゃんは保育園育ちです（前著の110ページをご参照ください）。

　Kくんのママは、水曜日と土曜日のクラスで毎回一緒になるうちに、すっかりIちゃんのママと打ち解けることができました。

　そして受験の先輩ママとして、Iちゃんのママの話に、いろいろと耳を傾けることにしました。

　「どこから始めて手をつければいいのか、さっぱり」というKくんのママに「新年長だからまず、運動とペーパーが同時スタートかな。そ

れと生活のスキルを身につけるためにお手伝い」とIちゃんのママ。

うんうん、教室の先生と同じね。あっ、同じ教室だった。そして、スタートが遅いことに触れずにいてくれる優しさに感謝しました。

「幼稚舎の入試ではペーパーはないけれど、まず小学校で測る子どもの知力って、先生の話をしっかり聞けるかということでしょ？　先生の話を正確に聞き取って、理解して、判断して答えてって。そういう知力って、ペーパー力を上げるのが、一番合理的ですものね」

「立て板に水」をこぼさず聞こうとKくんのママも懸命です。

「幼稚舎が求めるような子どものイメージって世間一般にあるけれど、幼稚舎は、ガッツがあってちょっと小生意気な子が好きかな」というのが、Iちゃんのママが観察した幼稚舎生像です。

「でも、実際はもっといろいろなタイプの子がいるし、必ずしも積極的でリーダーシップをとれる子ばかりじゃないけれど。クラスにリーダーが5人もいたら、うるさくてしょうがないでしょ……。ただし意欲的で自立心が強いとか、子どもとしての本質的な強さという点で、共通して流れるベースはあるかも、ですね」

なるほどですね。

Kくんのママは、準備をスタートしたばかりなのに、とんでもない野望を抱いていると誤解されないよう、一応言っておきました。

「幼稚舎なんて、うちにとっては夢のまた夢だけれど、でもやるからには難関校にも挑戦して、Kが幸せになれるような、どこかの学校にはご縁をいただきたいって、そんな感じです」

わかってますって、といった表情のIちゃんのママです。

「幼稚舎が第一志望なら、運動も知育も絵画制作も含めた、全分野の対策をしなくちゃね。あと言語が重要かしら。言葉の運用能力も大切。横浜初等部も受けるなら、なおさらかな」

Iちゃんのママは、ふーっ大変、と息をつき、「小学校受験で要求される全分野に取り組んで、その上で、絵画や制作の時間を増やして表現力を増していくって感じかな。暁星や成蹊を第一志望にするなら全分野プラス、絵画制作の替わりにペーパーの量と質がガーンと格段に上がる感じ、です」

アドバイス終了！　という感じです。

そして「Ｉはねぇ……」とママは嘆息しました。

「女子校が向いているとは到底思えないけれど、でも11月1日の朝にどこを受けるかって考えると、女子校の対策もしないとなぁ、と思えば思うほど……とほほですよ。まずＩはペーパーを3時間も4時間もやれる子じゃないしなぁって悩んで、そこで希望が途絶えますね」

Ｋくんのママは聞き返しました。3時間も4時間もって？

「雙葉や白百合が第一志望なら、普通にやっているでしょ？　毎日。それを避けるなら、遅くとも年少から前倒しでコツコツとやるとかね」

事もなげにＩちゃんのママが言うからには、そうなのだろうなと息を飲み込むＫくんのママでした。

「Ｉったら女の子なのに、継続力もないし、興味を集中し続けられないから。唯一、時間も忘れて夢中になるのは空を見上げること」

「空？」

「そう。私もそうだけど、Ｉも星空が好きなんです」

「天体マニアって素敵ですね」

「天体オタクかな。20センチの天体望遠鏡もあるし、パパと上の子の男2人を家に置いて、ワゴンに望遠鏡と寝袋を詰め込んで、泊りがけでペルセウス座流星群も観測しに行ったし。木星も土星もお友だち」

そう言って、けらけらと声を上げて笑うママは、なんだかとても素敵でした。楽しんでわが子と生きる「子育ての芯」を感じたからです。

「ペーパーで詰まったら、そこで気分転換にお風呂そうじをさせたり、パズルで一緒にあそんだり、図鑑をめくったり、ちょっとだけ一人の自由時間を与えたり、いろいろしながら、またペーパーに戻ったりって、手を替え品を替え、工夫しながらいろいろやっていますよ」

ああ、なるほど。ペーパーだけを2時間集中してやるなんてとてもできないけれど、いろいろ組み合わせればできるかも。

「あとね、子ども自身になにか得意で大好きなことがあって、じっくりと落ち着いて、集中して打ち込めるものを持っている子、というのが幼稚舎には向いていると思うけれど」

ああ、そうなんだ、と今日は感心してばかりです。

「そういう子いいですよね。それって持って生まれた資質にもよりますよね」
「あるかないかわからないわが子の資質に賭けて、ペーパーもやらずに幼稚舎への準備だけをして、全滅なんていう例も見ているから、そうはならないようにしなくちゃ、ね」
　確かに。受験は一か八かのギャンブルではない。
「これからよ。まだまだ時間はあるし」
　そう慰めてくれるIちゃんのママです。

●エピソード年中12月　わが子の男気をくすぐり、やる気にさせる

　ママの頭の中は、精査されていない情報がいっぱいで、あれもこれもと、とっ散らかっている状態です。
　とりあえずIちゃんのママの言葉を思い返し、計画を練りました。
「手始めとしては、とにかく運動ね。私、今も朝は走っていますよ。長男の受験の時からずっと」
　Iちゃんのママはけらけらと笑って言いました。
「私立も国立も、体力は絶対に必要。勉強し続けるには気力がいるし、気力を支えるのは体力だし、もう持久力がないとなにもできないから」
　なるほど（前著の62ページをご参照ください）。
「入試でも片足ケンケンで横跳びとか飛行機バランスとかが出るでしょ？　あれって体幹がどれぐらい育っているかを確認して、そういう子育てを家庭でしているかを見るためでしょ？」
　なるほど。
　でも、なるほどが積み重なって、受験準備の始まりからやや重いですね。

　正直、Kくんのママは「毎日こんなにやれるのかしら」という思いで、ペーパーやパズルや、さまざまな課題に取り組み始めたのですが、Kくんは驚くほどの柔軟性でついてきたのです。
　運動のペースもペーパーのペースもどんどん上がっていきました。

Kくんにとって生活の変化は、実はうれしい変化でもあったのです。というのも、弟のRくんが生まれて以来初めて、「ママが自分と完全に向き合ってくれる時間ができた！」と実感できたからです。

教室のレッスンがない日は、ボールやなわとびを持って幼稚園にお迎えに行き、帰りに公園やグラウンドで1時間ほど、体を動かして発散させました。

児童館の体育館が借りられる日もあったので、ボールやフープ、マット運動もでき、今までなら、なんとなく過ぎていた午後の時間が、急に充実してきました。

もちろん家に帰れば、山ほどお手伝いが待っています。じょうずにKくんの男気をくすぐり、やる気にさせたのはママの力です。

「Kが毎晩お風呂そうじをしてくれるから、パパは帰ってきてからお風呂でリラックスできるって。すごいなぁ、Kは」

家族の中で自分しかやらない役割を担ったKくんは、少しずつではあっても、確実に成長し始めました。

こうしてクリスマスまでには、一日の過ごし方が安定してきたKくんのママとKくんでした。いよいよ受験態勢が整った感じですね。

KくんとKくんママの年中12月の過ごし方

平日		休日
【朝】 ・体操・ペーパー・絵画か制作（計60〜90分）		【朝】 ・体操・ペーパー（計1〜2時間）
【幼稚園】		【お出かけ】
教室がある日	教室がない日	・公園・動物園・博物館・ワークショップ参加など、遊んでいるように見せかけて、すべて受験を意識した経験
【降園後の外遊び】 ・公園・グラウンド 【教室のレッスン】 【帰宅後】 ・ペーパー（教室の復習30分） ・プレートパズル ・生活巧緻性1つ ・体操（模倣・クマ歩き・ボール） ・洗濯物取込み・畳む・しまう ・夕飯の配膳・片付け・お手伝い	【降園後の外遊び】 ・公園・グラウンド・サーキット練習・指示運動・ボール・なわとび 【帰宅後】 ・ペーパー ・プレートパズル ・生活巧緻性1つ ・体操（模倣・クマ歩き・ボール） 〈など計1〜2時間〉 ・洗濯物取込み・畳む・しまう ・夕飯の配膳・片付け・お手伝い	【帰宅後】 ・今日の体験をふまえた絵画・制作1つ ・ペーパー ・ランニング ・プレートパズル ・生活巧緻性1つ ・体操（模倣・クマ歩き・ボール） 〈など計1〜2時間〉 ・洗濯物取込み・畳む・しまう ・夕飯の配膳・片付け・お手伝い

解説　小学校受験の効能――とにかくいろいろ効くんです!

　小学校受験とは、言い換えれば「5才・6才児を鍛える」ということになります。
　なにを鍛えるのか？　体力・思考力・精神力（感受性）です。
　どこで鍛えるのか？　家庭で鍛えるのです。
　指導するのはお父さんとお母さんです。そう、いいお手本をお父さんとお母さんがわが子に指し示す。これこそ教育の原点です。
「家庭は習慣の学校なり」by 福沢諭吉。
　つまり、小学校受験とは、「親力」を問われるのですね。
　もちろん教室の助けを借りる場面が多いですが。
　家庭に良い習慣が根づくことで、家庭力が上がり、実力で合格する。これは私の教室の合格メソッドです。
　努力すればだれにでも合格の可能性がある、それが小学校受験です。
　受験を通してメンタル面を強くする。イヤなことや苦手なことから逃げない。嫌いなことから逃げない。そういう習慣は心を強くします。

　そして子育ての基本として、「わが子にがまんを覚えさせる」ことがあります。そのためにまず、親ががまんをしなければならない場面に山ほど遭遇するのです。
　これを親子して一緒に乗り越えることで、必ず家庭力が増すのです。その結果として合格をいただく――というのが順序です。毎日ペーパーを100枚やったから合格するのではないのです。
　がまん。実はこのことが受験の準備を始める上でも、とても大切なこととなります。
　もちろんいやなときはあります。それでも自分はやらなくちゃいけない、とどこかで自覚できる子は強いです。
　目標を立てて、続けられる子が伸びます。自覚してやれる子は伸びます。親に言われて、ただ従ってやらされるだけの子はどうしても伸び悩みます。人は自分が意思を持つことでしか達成できないのです。

目標は目に見える形で!

　そこで目標です。幼児はまだ抽象概念が発達していませんから、目に見えないものは欲しがりません。ですから、わが子の目に「見える形で欲しいもの」を植え付けると効果が格段に上がります。

　小学校受験を意識させるという努力は、とても効果があります（前著の48ページをご参照ください）。生活面で自立している子なら、年中の秋の始めまでには、だいたい理解できると思います。

　わが子と大事な話をしましょう。流れはこうです。まずわが子に、幼稚園を卒園したら、次に小学生になる、と教えます。

　次に、小学校には、運動や勉強がとても良くできる、カッコイイお兄さんや、素敵なお姉さんがいる、とイメージがふくらむ話をしてみましょう。道を歩いている制服姿の小学生が、良いお見本になってくれるといいですね。そして次が大事です。

　「あなたは、自分が行きたい小学校に行けるのよ」と教えるのです。
　「！！！」という表情にわが子はなるでしょう。うれしくて、びっくりしちゃったのですね。

　そして最後が肝心です。「でも、その小学校ってとても素敵な小学校だから、みんなが行きたい！　って思うでしょ。だから、その小学校には、全員が入れるわけではないの。だって、30人分のお席しかないのに、100人の子が『入ーれーて』って集まったら、みんな入れる？」

　わが子は首を横に振るでしょう。
　「じゃあ、小学校の先生はどんな子を入れてあげたいって思うかな？」
　「うーん、走るのが早い子？　お勉強をがんばる子？」
　「そうね、小学校には入るためのお試験があるから、運動も、お勉強も、お絵かきも、それからおうちのお手伝いもできるし、好き嫌いなく食べる子も、とにかくなんでもがんばる子なら、先生は入れてあげたいって思うかもね」

　そう。小学校は自分で選べるのだ。ただし、がんばらなくちゃ入学はできない。と、わが子はその正当性を理解するでしょう。

年中12月　さあ、やらなきゃ！　生活改善と年末の行事いろいろ

「なるほど、幼稚園を卒園すると、小学校に行くのか。小学校には、運動や勉強がとても良くできる、カッコイイお兄さんや、素敵なお姉さんがいるんだな。そして行きたい小学校は自分で選べるのか。そりゃあいいな！　でも、そのためには、いっぱいお勉強や運動やお手伝いや、あれもこれもしなきゃならないんだな。わかった、僕やる」

そして、憧れの小学校や、志望する学校を見に行き、もしも可能なら構内を散策したり、グラウンドで遊んだりとか、直接的な体験ができるといいですね。

目標とする小学校に通うお子さんが知り合いにいたら、実際にわが子と会う機会を作っていただき、一緒に遊んでもらうとか、生きた刺激を与えると非常に効果があるでしょうね。

「ママ、僕、あのお兄さんと同じ学校に行きたい！」と目標ができればしめたものです。

「お母さん、私、Mお姉ちゃまと同じ制服が着たいわ！」

「そう。じゃあ、お勉強をがんばらないとね。Mお姉ちゃまも、とてもがんばったのよ」としっかりと動機づけができました。

次の表は、慶應幼稚舎・慶應横浜・早実・筑波・暁星・成蹊・立教、そして女子校などの難関校に合格したお母さんの、朝のタイムスケジュールです。おおむね平均的な一例です。

雙葉・白百合・東洋英和・光塩・立教女学院などのペーパー女子難関校が第一志望なら、体操や絵画制作の時間を少し削って、ペーパーの量を増やし、難易度を上げることになるでしょう。

大変ですよね。でもお母さんは、「子育ての青春」真っ只中です。応援していますよ。

難関校に合格したママの、平日の朝（年長4月より）	
5：30〜6：00	母・起床（お弁当作り・諸準備）
6：00〜	子・起床（洗顔・身支度）
6：10〜	戸外で体操（約20分）
	ジョギング・なわとびなど持久力と体幹の鍛錬
6：30〜	朝食・栄養バランスのよい食事
6：45〜	ペーパー・絵画・巧緻性
	お手伝いなど取り交ぜ（計1〜2時間）
8：45	登園
9：00	幼稚園着

※ワーキングマザーは朝の学習が難しければ夕方の時間を有効に。

「ツライこと」もこれなら達成できる！

　受験がなぜ難しいかというと、目標（志望校）のために、なに（教材）をどうやれば（トレーニング方法）いいのか、いつまでに（タイムスケジュール管理）すれば成功（合格）できるかがわからないからです。

　そのためにプロの指導者（教室）に教えてもらうことが重要なのですが、そこで必ずしなければならないのが、自主トレーニング（自宅学習と練習）です。

　自主トレは、けっこうきついものですよね。なにしろやらなければいけないことって、たいていキツイことばかりだからです。

　ひとつひとつの課題を「できた！」という状態まで続けるのって、やっぱりツライですよね。

　そこで、目に見えるように「わが子の目標」を書き、「達成」し、毎日の成長とがんばりを、じぶんでほめてあげるテクニックをお伝えします。

　本書には、それぞれの月ごとに書き込み式の表を載せています。各月には「目標の例」を紹介していますが、これはあくまでも参考です。

　なぜなら、それぞれの子によって習熟度が違うので、目標は一律には決められないからです。

　「わが子の目標」は、お母さんがわが子の成長の度合いを見て、お母さんが考え、書き入れてください。

　今までの生活習慣になかったら、朝、戸外での体操はけっこうハードルが高いと思います。

　でも、2日続けられれば、3日目もできますよ。4日目がダメでも、くじけずにまた続けましょう。

　どうですか？　この達成表があれば、なんとか、がんばれそうですか？　合格というゴールまで、この表が伴走してくれます。

12月のホームワーク

年中
12月

　まずは「毎日机に向かい、姿勢を正す習慣づくり」です。

　幼児が集中できる時間には限界があります。習慣ができるまで、長時間はムリです。「ほめる」「認める」「テンポよく、別の分野を次々と」「一区切りに、ご褒美の抱っこ」「ご褒美のギュウーッ！」などなどを組み合わせてやる気を回復させてあげてください。

　賢いお母さんの、腕の見せどころですよ。賢いお母さんって、そういうことができる人です。

　お母さんの学歴って、まったく関係ありません。だから学歴が高いお母さんは慢心しないで。あまり叱らないであげてね。学歴が高くないお母さんは、自分の「お母さん力」を信じてがんばって。

「わが子に答えを教え込まない」をあなたはできていますか？

　子どもが「考える時間」って大切です。ペーパーをしているわが子。いま脳内では「考える力」の思考力発電所がフル稼働しています。

　ペーパーの枚数に追われると、どうしても早く消化しようとして、答えを教え込んで先へ進もう、となりがちです。

　お母さんは、見守り待つことが大事です。

　でも、お母さんが待っても、なかなかわが子がペーパー問題を理解できないとき、それは本質的にわかっていない可能性があります。

　具体物を使って考えるところに戻って、もう一度！

　さて、次のページの達成表の使い方を説明します。

　「目標（例）」を参考にしつつ、「わが子の目標」を記入しましょう。お子さんの成長の度合いをみながら、「わが子の目標」を毎月決めてください。一番身近にいる、お母さんの観察眼の腕の見せ所です。

　表は拡大コピーをして使用ください。大きな紙に書き直して、壁に貼るのもおすすめです。表は下記からダウンロードもできます。

http://www.gendaishorin.co.jp/book/b243474.html

年中12月の目標と達成表

わが子の目標を書き、毎日、◎ ○ △ ×で達成をチェックしましょう。

12月	起床・就寝	生活	運動				ペーパー							巧緻性			他
課題 (分野)	早寝早起き	お手伝い	模倣体操	なわとび	ボール	指示運動	言語	常識	数	位置	図形	記憶	推理	生活分野	制作	絵画	
目標 (例)	20:30・6:30	たたみ 配膳・洗濯物	正確に、飛行機 バランス10秒	10回	10回ころがしキャッチ	ケンケン、ケンパー	お話作り	年末年始の日本の文化	すごろく・トランプで数を意識	オセロで洞察力 斜めの感覚	プレート構成 図形で	具体物、数、図形で	重さ比べ	箸使いなど	立体折り紙 5種など	人間の全身を描く	
わが子の 目標																	
1( )																	
2( )																	
3( )																	
4( )																	
5( )																	
6( )																	
7( )																	
8( )																	
9( )																	
10( )																	
11( )																	
12( )																	
13( )																	
14( )																	
15( )																	
16( )																	
17( )																	
18( )																	
19( )																	
20( )																	
21( )																	
22( )																	
23( )																	
24( )																	
25( )																	
26( )																	
27( )																	
28( )																	
29( )																	
30( )																	
31( )																	

1月
今年が本番!
心のエンジンが今かかる

●エピソード1月
受験に直結! 季節の行事を意識して過ごすこと

お正月のあいさつもまだだし、お屠蘇の用意は?
せっかく紬の着物に袖を通して準備をしているのに、といぶかるKくんのパパの前に、朝のランニングとラジオ体操、そして模倣体操から帰ってきたKくんとママが、玄関に飛び込んできました。
「ただいま。あっ、明けましておめでとうございます!」と汗をぬぐう二人の顔を見て、なんとなく協調できず、苦々しく思うKくんのパパでした。

正月三が日には、コマ回し、羽根つき、かるた取りをし、パパにもしっかりと参加してもらいました。これもお正月の恒例行事を改めて体験するために、Kくんのママが道具を準備していたのです。
もちろん初詣にも出かけ、茅の輪くぐりも体験しました。おみくじも引いて、甘酒にはKくんは口だけつけてみました。
そして家に帰ったら、「今日のイベントの絵」を描く課題が待っています。
さらにカラー粘土で制作に挑戦です。紅白かまぼこ、栗きんとん、黒豆、かずのこ、そして主役の伊勢海老まで粘土で作り(ヒゲは針金で)、空いたおせちのお重に詰めてみたりと、凝りに凝った工夫の毎日を過ごし、肩までコリにコッたKくんのママでした。
お正月にちなんで、オリジナルのかるたを作ろう、ということになりました。引き札の言葉をKくんが、五七五で考えます。
Kくん『おみくじを　ひいたら　がーん　きょうだった』
「うん、確かにね。でもママのは大吉だったじゃない。だから足して

39

半分にして、二人とも吉にしよう」
　Kくん『おとしだま　もらってすぐに　ちょきんばこ』
「それ、貯金しますってママが取り上げたから当てつけね。だいじょうぶ、Kの通帳に入れるから。無駄づかい防止のためにね」
　Kくん『おめでたい　つぎのしょうがつも　おめでたい？』
「お、で始まる言葉ばかりじゃない。それに、どういう意味？」
「だって、今年は小学校の試験があるんでしょ？」
「なに？　おめでたいかどうかわからないってこと？……なんだか縁起が悪そうな、かるただなぁ」
　Kくん『おめでたい　おせちはことしが　さいごかな』
「よしなさい！」と、かるた作りはとりやめとなりましたが、Kくんがごく短期間に、言葉を操る知能が発達していることにママは気づきました。
　ひとつの事柄から着想し、アイデアを発展させる拡散思考も高そうだなと、ママは少しうれしい気分になりました。

●エピソード1月
目に見える目標と計画で意識改革

　七日には七草粥を食べ、「七草とはなにとなにか？」を書き出してみる、なんていうことも条件反射的にできるようになってきたKくんのママでした。
　今日は思い立って、少しまじめにKくんと向き合いながら話すことにしました。
「ねえ、K」
「うん？」
「お正月も、ずっと毎日、体操やって、ペーパーやって、絵も描いてって、がんばっているよね」
「うん」
「偉いなあ。目標を持って続けるって」
「うん？」
「この毎日が、どこに続いているか、K、わかる？」

「えっ？　どこって……試験？　小学校の入学試験？」

そう、よくわかっているのね、と言ってママが取り出したのは模造紙でした。1月から11月までの、年表を作成するためです。

「毎月の目標を考えて、できたことを一つひとつ書き込んでいこうよ。そうしたら、自分がどれぐらいがんばっているのか、どれぐらいできるようになったかわかるでしょ？」

Kくんのママは、Kくんには自信を持たせることが大事、と見抜いていました。

そして、ややのんびりしたところのあるKくんに、目標のレベルを自分で決めさせ、毎月の達成を自分で理解させ、時間と期限を同時に把握させることにしたのです。

2時間もかけてようやく完成した表です。不完全なところはたくさんありますが。

「いきたいがっこうにいけるように、たくさんいろいろじゅんびする」
とタイトルを最後に、表の一番上にKくんは書きました。

学校名は未定です。でもママは鉛筆でちいさく、慶應幼稚舎と書いておきました。

こうしてKくんの家の食卓の壁に、合格までの道のりを標した年表が掲げられたのです。

●エピソード1月
通り過ぎていた街並みも、教材の宝庫

Kくんのママは、受験を意識して以来、ごく当たり前の生活の中のことでも、さまざまなことに敏感になってきました。

たとえば公園に出かけると、「季節の花が咲いていないか？」とか。あらかじめ近隣をリサーチしておいて、季節の花が咲く木や枝を見つけておき、少し遠回りなどして、あたかも偶然見つけたかのように驚いてKくんに見せる、なんていう演技もうまくなってきました。

やはり、ハプニング性がないとね。予定調和じゃおもしろくありませんものね。

「わぁ！　こんなところに、真冬なのにきれいな花ね」

ふと立ち止まって、Kくんのママは予定した山茶花の前で花を見やりました。
「なんていう名前だろう？　がくが黄色いよ。おうちに帰って調べてみようか？」
「それ、山茶花じゃん。昨日の夜、ママが子ども図鑑で見てたやつ」
「……」

●エピソード1月
なにかが当たる！　わが子の知的興味を触発させる

　休日のお出かけは、まず博物館や美術館の特別展に出かけました。
　エジプト展や恐竜博覧会、ユトリロの特別展示、モネの水蓮を集めた絵画展、アフリカの昆虫王国展、などなど。
　Kくんのママにとっては、やや苦手な展示もありましたが、どれがKくんの興味や知的刺激を誘発するかはわからないので、とにかく機会はなるべく多くもてるように努力しました。
　特別展などのイベントのない時は動物園や水族館へ。
　昔からなじみのある、見慣れたはずの動物だって、改めて間近で観察すると、ぜんぜん違った造形美を発見することもありました。
「ベンガルトラって、真上から見ると腰がくびれていて細いんだ！」
　ママ、もう行くよ、とKくんに促されるまで、張りついたガラスから顔を離せないこともあるKくんのママでした。
　ママ自身もけっこう楽しんでいますね。
　動物園のワークショップには極力参加するようにして、珍獣や珍しい生態の動物の知識を増やすようにしました。興味津々のKくんは、すっかりリラックスして遊んでいる様子ですが、実はこれ、すべて受験を意識したお勉強だったのです。Kくんのママ、見事な演出です。
　こうして夕方前には戻り、家では今日出会ったことがらを絵に描く、ということをしました。
　動物園帰りの日は粘土で制作です。ゾウの鼻は、やはり芯に針金が要りますね。少し大きな動物なら、四本の足で立たせるために針金を使います。ここまではまだKくんに作業はできないので、お母さんの

事前の仕込みが必要です。もちろんKくんが一人で全部作れるようになるのは、まだまだ練習と時間が必要ですね。もっと先のことです。

●エピソード1月
とにかく、なにがあっても、短時間でも、ペーパーは毎日

もちろん、ペーパーもやります。休みの日でも。

Kくんのママは、少しだけ自信がついてきました。それは、教室に入会してから、どんなに疲れていても、ペーパーだけは1日たりとも欠かさず、毎日やってこられたからです。記録は更新中です（1枚だけという日もありましたけれど……）。

特に、この冬休み、Kくんとママはペーパーをがんばりました。
「結局、知育を伸ばすのは、体験とペーパーの積み重ねなの。ペーパーばかりやっていてもダメ。その前に山ほど実体験をして、生きた学びをしないとダメ」

そんなIちゃんのママからのアドバイスを、Kくんのママ流に実践していたのです。

Kくんの1月の目標と達成	
運動	小ボールの投げ受け5回・小ボールで的当て（上投げ、下投げ）・大ボールつき10回・なわとび連続10回
制作巧緻性	ひもの固結び・ちょう結び・マッチ棒での制作
図形	点図形ペーパー（毎日最低1枚） 三角パズル・ツートンパズル
言語	話の記憶（毎日最低1枚） 反対語（幼稚園の送り迎えの時間に歩きながら） 絵日記をつけ始める 絵を描いた後に、家族の前で、言葉で発表させる
ペーパー	今月のホームワーク（教室で渡される） 教室で習った単元と同じものを市販教材で

ペーパーが嫌いな子でも、突破口はある!

子どもを大別すると、ペーパーが好きな子と嫌いな子に分かれます。
ペーパーでなくても、パズルでもプレートでも、ブロックでも、考える知育教材が好きな子は、なんとなく親としてほっとするものですよね。

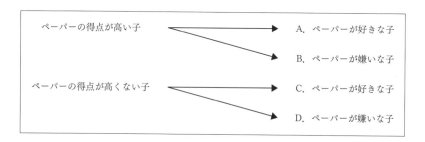

Aタイプの子はペーパーが好きで、おまけに得点も高い子です。
ペーパーをガンガンやってもついてくる子はペーパーが好きな子ですね。ペーパーの量に圧倒されずに耐えられる子や、勝気な子、負けず嫌いな子、ライバルと競うのが好きな子は、ペーパー難関校に向いています。本人に資質があって、適性が高いのです。

Bタイプの子はペーパーは嫌いだけれど、得点の高い子です。
このタイプの子は「ひらめき」でできる子です。頭はいいのですが、積み重ねができません。短時間なら集中できるけれど、量はできないのです。ペーパー難関校に適性が高いとは言いにくいけれど、可能性はあります。

Cタイプの子はペーパーは好きなのです。知育教材が基本的に好きで、好奇心もあるのですが、今現在はあまりできていません。
ウンウン唸りながら、考え抜こうとする気力があります。「わからないよー!」と悔し泣きをしながら、ペーパーを放り出しません。この

タイプの子は、先々必ず伸びます。11月初旬の入試に間に合うかどうかはわかりませんが、筑波小に合格する子にいるタイプです。

Dタイプの子はペーパーが嫌いで、今現在、あまり知育を伸ばす作業で自己実現ができていない子です。

まずなぜ嫌いなのか、その理由を見つけて改善することが必要です。
①現時点での能力に見合わない、レベルの高いペーパーをやっているのかもしれません。ペーパーの難易度を下げて、具体物を多用して理解を深めたり、基本に戻ることが大切です。
②気力が育っていないこともあります。それならばまず、運動です。気力を支えるにも体力が要ります。持久力をつける運動を増やしましょう。わが子の学力を上げたければ、まず体操です。
③向上心がまだ育っていないのかも。向上心を伸ばすにはお手伝いです。お手伝いを通して、自分がだれかの役に立っているという自覚が育つと、子どもの内なる力が必ず目覚めます。

マルをもらわないと気が済まない子は難しい

ペーパーを常に正解して、いつもマルをもらえる、などという子はいません。間違えたら、素直にすぐ改めればいいのです。

ところがプライドが高く、自分の間違いを素直に受け入れられない子がいます。伸ばすのが難しい子です。

家でお母さんがわが子をうまく教えられない時は、たいてい間違いを指摘した時ですね。なかなかうまくわが子が従わない、というのはよくあることです。男の子にも女の子にもあります。

それは愛情と信頼関係からくる甘えですからある程度はしかたがありません。これが、先生が相手だと態度も姿勢もぜんぜん違うのにね。

間違いを指摘されても、むくれたり、ふてくされたりしない子は伸びます（正直、お母さんも同じで、素直に改められる方は伸びます）。

負けず嫌いでペーパーが好き、という子はペーパー難関校が向いています。そういう子を学校が求めているからです。

1月のホームワーク

　クラスレッスンでは、先生が複数の子どもに向かって発問します。レッスンでのわが子の理解度がいまひとつだったり、模試の点数が伸びていなかったりするときは、お子さんが集団の中で先生の話を聞きとれていないのかも。

　お母さんがまず、わが子と目と目を合わせて、おへそを向け合って、会話をしてください。

　お母さんがお子さんに質問をして、お子さんが答える練習をしてみましょう。

　そのとき、主語、述語が省略されないように注意してください。

　5W1H（いつ・どこで・だれが・なにを・なぜ・どのように、した）は基本です。

　ICレコーダーで母子の会話を録音し、聞き直してみると……！　なるほど、この会話では第三者には通じない、という発見があるかもしれません。

　言語力が重要視される学校の代表格は、慶應幼稚舎、慶應横浜。そして個別試験のある青山、学習院、成城、桐朋、立教など。

　すべての女子校は、面接で必ず言語力はよく見られます。言語能力ばかりでなく、言葉の使い方の丁寧さも大事です。

　国立大附属も独特の見方で、受け答えの仕方を評価します。

　やはり、家庭生活が大事ですね。

　お母さん、わが子と一緒に国語の力を磨き直しましょう。がんばって。

1月の目標と達成表

わが子の目標を書き、毎日、🏵 ○ △ ×で達成をチェックしましょう。

1月	起床・就寝	生活	運動				ペーパー							巧緻性			他
課題（分野）	早寝早起き	お手伝い	模倣体操	なわとび	ボール	指示運動	言語	常識	数	位置	図形	記憶	推理	生活分野	制作	絵画	
目標（例）	20…30 6…30・	玄関掃除	キビキビ動く	10回	10回ワンバウンドキャッチ	動きの組み合わせ	短文反復	季節の分野	多様な形式の中での計数	指示を聞いて判断	図形合成	集中して話を聞きとる	順序の判断	雑巾がけ・しぼり	粘土制作の基本	動きのある人間を描く	
わが子の目標																	
1（　）																	
2（　）																	
3（　）																	
4（　）																	
5（　）																	
6（　）																	
7（　）																	
8（　）																	
9（　）																	
10（　）																	
11（　）																	
12（　）																	
13（　）																	
14（　）																	
15（　）																	
16（　）																	
17（　）																	
18（　）																	
19（　）																	
20（　）																	
21（　）																	
22（　）																	
23（　）																	
24（　）																	
25（　）																	
26（　）																	
27（　）																	
28（　）																	
29（　）																	
30（　）																	
31（　）																	

初の「中だるみ・へこみ」の2月

●エピソード2月
志望校とは、本命校プラス併願校

　Kくんのママの頭に、むくむくと暗雲が立ちこめてきました。
　目標を持って準備をすることは良いことに違いないけれど、もし結果がダメだったらどうしよう……。
　そんなときは経験者に聞こう！　土曜のレッスンが開始して、KくんのママはIちゃんのママにこっそり耳打ちしました。
「お聞きしても、いいですか？」
　そして、近くのカフェに移動です。
「併願校は大事ですよ。ちゃんと調べて準備して、併願校に合格をいただいておかないと。幼稚舎しか受けない、ダメだったら区立っていう人もいるけれど。そんな無謀な受験をして、じゃあ受かりませんでしたなんて、悲惨な現実に直面したらどうするの？　子どもがかわいそうじゃない。私だったら立ち直れない」とIちゃんのママ。
　そうですね。激しく同意します。ハゲドウ。
「そもそも小学校受験というのは、わが子の適性に合った学校を親が選びます、というのが原点だから。まぁ、どの子を入学させるか、というのは、あちら様がお決めになることですけれど」
　そりゃそうだ（前著の68ページをご参照ください）。
「もちろん幼稚舎がすべてではないし、どんな子にとってもオールマイティな学校があるわけじゃないし、この子にとって幸せになれる学校に入学できることは幸せなはずだから」
　それはとっても大事な言葉だな、とKくんのママは思いました。
「学校にとって望ましい子の基準は少しずつ違うけれど、良い子、欲しい子の基準がまるでちがうわけではないですものね」

「実力で合格するための準備って、どの小学校を受けるのも一緒。多少の方向性の違いはあるけどね、女子校はペーパーが大変とか。でも、子どもの持っている力を伸ばすために準備をすることは、ムダにならないもの。そして、私立小学校の数だけ良い学校があるわけだし。適性が合えば、きっとどこかに、ちゃんと受かるだろうし。もしかしたらⅠには国立附属小が合っているかもしれないし」

そう話すと、Ⅰちゃんのママはとてもいい笑顔になりました。

「やってみなきゃわからない。じゃあやってみましょうか！ ってね」

そんな話を聞くと、どこからか力が湧いてくるＫくんのママでした。

●エピソード2月
模擬試験は、わが子の得意と不得意の「分野」を知ること

2月も今月の模擬試験が返却されました。

Ｋくんの得点は11、12、1月と月を追うごとに53、68、72点と上昇し、そして2月はなんと76点という高得点をマークしました。

「すごいっ！」と素直に喜びたいＫくんのママでしたが、教室全体の平均点が76.5点と聞くと、「みんな、ほんとうにがんばってるのね」と気を引き締める材料にしかならないような気もしました。

「模試の点数というのは、ペースメーカーの一つに過ぎない。点数よりも、得意分野と苦手分野の両面の把握が大事」と教室の先生に教えられた通りだと思いました。

●エピソード2月
わが子の力を信じて、母親がさせるべきこと

「そうだ！ させていなかった！」とＫくんのママは気づきました。

「おつかい」です。というのも、先日の室長講座で、またいろいろと確認と発見をしたのです。

「早実初等部は入学式の翌日から、新一年生を一人で登下校させます。つまり、そういう子育てを母親がしていることを望んでいる学校なのです。母親が、日常でわが子の身の安全を意識して教え、危険回避ができるという生活スキルを、わが子に身につけさせているわけで

すね。たとえば、普段からおつかいをさせるとかですね」とのこと。

　さあ、やりましょう。そういえば、私も小学生になってからは、夕食のお支度のおつかいはよくしたなぁ。お父さんが味にうるさい人だから、かつおぶしも本格的にかいたし。削り器も使えるし。

　でも最初のうちは、一人でおつかいに行かせるのも不安だし、安全確認でこっそり後をつけて歩こうかな。Kにバレないようにして。

Kくんの2月の目標と達成	
運動	大ボールつき20回・なわとび連続10回
巧緻性	あやとり練習
図形	三角ブロック・マジックブロック
言語	お話作り・絵カード 毎日5問と決めて、正しい姿勢と礼儀で、きちんと話す練習を開始
ペーパー	今月のホームワーク（教室で渡される） 市販教材で基本分野の復習

解説
「負けず嫌い」はそれだけで才能

　Hちゃんが入会してきたのは新年長クラスが始まった12月でした。にこりともしない表情で、体験レッスンの時点から、先生に向ける眼差しの鋭さは抜きんでていました。

　2月生まれのHちゃんは、入会した月の模擬試験での得点は38点と、やはりそれなりで、1年、2年先にスタートしている子に追いつくには、それ相応の努力が必要といった状況でした。

　女の子は与えられたことはきちんとこなす子が多いですから、早くから準備を始めている子に追いつくのは、なかなか大変ですよね。

　あるクラス授業の最中のことです。「ドスン！」という音に驚いて、私が音の発生源を見ると、Hちゃんが「わーっ」と声をあげ、床に寝そべって足をばたばたさせているではありませんか。

「わからない！　わからないよぅーー」と泣いているのです。

　私は笑ってしまいました。けっこうダイナミックな悔しがり方です。

「だいじょうぶだよ、Ｈちゃん。先生のお話をもういっぺん聞いてごらん」と言って私はＨちゃんを起こし、席に座り直させました。

　泣きやんだＨちゃんがホワイトボードと先生を見つめる目は、前にもまして真剣です（前著の145ページをご参照ください）。

　私が3つに分けた他のクラスを巡回し、しばらくして戻ると、教室になにか低い音が立ち込めています。ギリギリギリギリと。

「なんだこりゃ？」と思って、指導の先生を見ると、先生は笑いをこらえながらＨちゃんの方に目をやります。私がＨちゃんに注目すると音の正体がわかりました。それはＨちゃんの歯ぎしりでした。

　わからなくて、悔しくて、泣き声を上げたいぐらいだけれど、でもケンジ先生にまた抱き起してもらうのも恥ずかしいから、がんばる！

　そういう思いが歯ぎしりになって、教室を低く響かせていたのです。

　正直、すごいです。伝説の負けず嫌いＨちゃんです。

　Ｈちゃんのママもパパも、地方の国立大学を卒業し、東京で就職した方です。東京の事情は詳しくありません。しかし、年齢に見合った子どもの能力開発には熱心な方なので、うちの教室にいらしたのです。

　Ｈちゃんのママはとてもまじめな人で（ワーキングマザーでもあり）、よく私のところへ泣きに来ました。理由はいつも一緒です。

「主人がまた言うんです。『慶應や早稲田の募集数を見てみろ、女子はたったこれだけしかない。うちなんかがいくら努力したって、この数に入れるわけがないじゃないか』って」

　確かにその数字は厳しいですよね。でも、私の教室からは毎年、まったくの実力だけで合格する家庭が少なくありません。

　そうは言っても、Ｈちゃんの模擬テストでの成績は一進一退で、30点台から始まり、50点台、そして70点台、また60点台、最後に71点に達しましたが、年間平均は60点にわずかに届きませんでした。

　その年、慶應幼稚舎11月1日の朝一番の試験は2月生まれと8月生ま

れの女子から始まりました。

　たぶん幼稚舎の先生も、見たことのないほどの集中力を持った女子がきたぞ、と思ったのに間違いありません。Hちゃんはあらゆる面で最大限に本領を発揮したのでしょう。

　なんとHちゃんは、慶應義塾幼稚舎に合格したのです。

　驚いたことに、その数日前に発表があった早稲田実業初等部にも合格をしています。さらに先生たちみなが腰を抜かして驚いたのは、そこで受験は終了とならずに、筑波小学校の試験まで続けたことです。

　そしてHちゃんは見事に筑波小まで合格し、幼稚舎と早実を蹴っ飛ばして進学してしまったのです！

　Hちゃんは筑波小に進学後も、持ち前のがんばりと負けず嫌いを伸ばし、運動会に備えて、なわとびの二重跳びを連続1000回！　跳べるまで練習をしたそうです。

　なお、補足データとして付け加えると、Hちゃんは光塩女子学院初等科からは、残念ながら合格をいただいていません。行動観察で力を発揮するHちゃんでしたが、ペーパー力が不足していたせいです。

　「うちの子は意欲的じゃなくて……Hちゃんみたいに負けず嫌いな子になれればいいのに」と嘆くお母さんは少なくありません。お気持ちはわかりますよ。

　しかし多くの場合、負けず嫌いというのは、人が持って生まれた資質です。誕生後の教育で身につくものではないかもしれません。心の中の負けず嫌いを育てるのは容易ではありません。

　負けず嫌いというのは、自我の安定が脅かされたときに起こる反発行動のようなものです。

　一方で自我が安定していて、あまり競争心もなくのんびりと育っている子には、やはりその子が持つ魅力があります。

　子どもの魅力や、子どもを評価する価値観がひとつだけでは、つまらないではないですか。ですからわが子が持っている資質を見極め、持てる長所を存分に伸ばすことが大事ですね。

52

※ちなみに私の教室の模擬テストは、年長クラスでは毎月行います。100点満点の内、ペーパー知育が50点。その他、絵画制作、指示運動、行動観察、対面、言語、巧緻性などが計50点。現時点での子どもの力が把握できます。分野ごとに点数が出るので、わが子の得意分野と不得意分野が明確に見え、志望校ごとの合格可能性も推測できます。

年間平均で70点を超えると、志望校が選べるようになります。

しかしながら、60点台、時には50点台でも、慶應幼稚舎、早実初等部に合格する子が、毎年必ず数人います。その子たちは、「ペーパーでは点が取れないけれど、行動観察で輝く子」です。絵画制作や運動能力が抜群に高い子も可能性があります。

暁星、成蹊、雙葉、白百合などのペーパー難関校は、合格の目安として70点以上は必須です。慶應横浜もペーパーがあるので、70点台を超えると、合格が近づいてきます。

2月

2月のホームワーク

なわとび10回連続とびはできましたか？

ボールつき10回連続やキャッチボールもやりましょう。

小さなボールを使って下投げはもちろん、上投げで5メートル先の的に当てることもやりましょう。

パズルや積み木もどんどんやりましょう。

算数のペーパーは、数量と図形の分野に分かれます。数量分野は計算練習で必ず点数は伸びますが、図形はセンスで決まります。10歳ぐらいまでは空間図形を理解する感覚が鋭敏ですから、今の時期にたくさん図形に親しんで感覚を磨きましょう。

三角プレートパズル、マジックブロック、ジグソーパズルなどで繰り返し、楽しみましょう。

この時期は、次のようなさまざまな分野の、難易度の高くないものにどんどん挑戦していきましょう。

・点図形	・位置の対応	・数の多い少ない	・図形系列	・同図形発見
・同数発見	・シーソー	・三角パズル	・仲間はずれ	・同類語
・同尾語	・一音一文字	・迷路	・左右	・図形分割
・ひも通し	・積み木の数	・線の模写	・欠所補完	・関係推理
・はさみ使い	・季節	・昔話	・3×3の記憶	・仲間集め
・方眼上の位置移動　など				

53

2月の目標と達成表

わが子の目標を書き、毎日、◎ ○ △ ×で達成をチェックしましょう。

2月	起床・就寝	生活	運動				ペーパー							巧緻性			他
課題(分野)	早寝早起き	お手伝い	模倣体操	なわとび	ボール	指示運動	言語	常識	数	位置	図形	記憶	推理	生活分野	制作	絵画	
目標(例)	20…30・6…30	玄関掃除	大きくのびのびと	20回	20回キャッチボール	マット運動	反対ことば	科学の分野	数量の判断・数量の順序の	他人の左右	重ね図形	集中して話を聞きとる	関係推理	ひも関連・玉結び	平織り	お手本の通りに描く	
わが子の目標																	
1（　）																	
2（　）																	
3（　）																	
4（　）																	
5（　）																	
6（　）																	
7（　）																	
8（　）																	
9（　）																	
10（　）																	
11（　）																	
12（　）																	
13（　）																	
14（　）																	
15（　）																	
16（　）																	
17（　）																	
18（　）																	
19（　）																	
20（　）																	
21（　）																	
22（　）																	
23（　）																	
24（　）																	
25（　）																	
26（　）																	
27（　）																	
28（　）																	
29（　）																	

3月

わが子に才能は必ずある！
とにかくいろいろ試してみよう

●エピソード3月
「6歳の課長」を育てる行動観察のトレーニング

　行動観察を親が観察してみると、6歳児とはいえ、提案力があることも大事。まわりのお友だちに伝える言葉も大事。説得する話のしかたも大事と、人として大事なことが山ほどあることがわかります。
「現場解決能力を高めるって、なんだか企業のリーダー研修みたい」
そう思ったら、Kくんのママは楽しくなってきました。
「そうね、だって自分の意見をみんなの前で発表して、人の意見もしっかり聞いて、譲るべきところは譲ってあげて話をまとめるって、それが大人でできるならチームリーダーじゃない。課長になれるわね。そのスキルが6歳で身につくってすごくない⁉」
　一人カフェの最中にそう思ったら、あまりにおかしくて笑いをこらえることができず、あわてて口をつけたコーヒーカップがブクブクと音を立ててしまったKくんのママでした。
「いや、すごいわ、小学校受験の準備って」

　行動観察は集約すると、子ども同士のかかわりを円滑に運営できる子が高く評価されるようです。
　もちろん現場（試験場）での提案力や柔軟な発想力、そして問題が起きたときに解決する能力が高い子は、理想的なはずです。
　それなら、こんなことも練習になるかな？　とママは考えました。
　先を読んで、手順を考えて、試してみる「おつかいの発展」です。
　先月からKくんにいろいろと頼み、おつかいの指令を実行させてきたママですが、さらにブラッシュアップすることにしました。
　たとえば、夕食の支度もKくんが主体的に頭を使えるような仕掛け

を作りました。

　Kくんに野菜やお肉、魚など、食材を思いつくままに言わせ、ママが用意した5センチ角の白いカードにその絵を1枚ずつ描かせました。もちろん現物を観察しながら。

　ブロッコリーやカリフラワーやパプリカなど、食材の数をどんどん増やして、描いて作った食材カードは全部で80枚を超えました。まだまだ増えるぞ。

　そして、たとえば今夜はビーフストロガノフといろいろ季節野菜のサラダとオニオンスープだ、と決めたら、Kくんに食材カードから必要な食材を選ばせ、イメージトレーニングをしてからおつかいです。

　もし、マッシュルームがなければ、しめじでもだいじょうぶ？　お店の人に聞いてみよう！　もし持っていたお金が足りなければどうする？　お金を取りに帰る？　それとも買い物の品数を減らす？　ほら、いろいろ社会で頭を使って、人とかかわる機会がもてるでしょ？　乗り越えて経験を積めば、自信もつくというものです。

Kくんの3月の目標と達成	
運動	なわとび連続30回　目標達成
絵画・制作 　1）絵画 　2）制作	1日1絵画・1制作を開始 テーマを与えて1日1枚描かせてダイニングの壁に貼る 時間があるときは自由制作（テーマ・材料を与えて） 時間がないときは指示制作（条件がより細かい）
ペーパー	今月のホームワーク（教室で渡される） 教室で習った単元と同じものを市販教材で

解説
女子校が第一志望だと、早慶合格は望めない!?

　いいえ、そんなことはありません。
　女子校を志望する家庭は、最初から女子校が第一志望の家庭と、共

学校と併願する家庭とに分かれます。

　特にミッション系の名門女子校に合格するためには、共学校とは味つけの違う、それなりの準備が必要です。

　女子校が共学校と大きく異なるのは、次の3つの点です。

①ペーパーの難易度が高いことと、そのための準備としてペーパーの学習が質量ともに高く多いこと。

②「母の教え」による、女子としての言動と所作が重要なこと。

③父親を含めた、落ち着いた家庭像が求められること。

　イメージとしては、お母さまの教えがよく行き届いたお嬢さまで、お勉強が良くできて、お家の教養も高く、お品もよく、決してパパは夏でも風呂上りにパンツ一丁でビールをプハーッなんてことはない、という感じです。イメージですよ、あくまで。

　ミッション系の女子校が第一志望で共学校も併願することは、それほど難しいことではありません。上記のように、女の子のマナーやパパの面接練習など、女子の名門校には高い壁がありますが。

　雙葉、白百合、東洋英和、立女などの女子校と、幼稚舎、早実を両方受けることはできますし、両方から合格をいただくことも可能です。

　名門女子校と共学校を合格できる子は決まって、ペーパー力が高く、「女子力」の使い分けが早くもできる、精神年齢の高さがある子です。

　なにに取り組むのもすごく積極的で、活発に遊ぶしペーパーもどんどんやるし、場をわきまえてお嬢様のマナーも使える、という子です。うらやましいですよね（前著の18ページをご参照ください）。

　第一志望は名門女子校だけれども、どうしてもペーパー力で辿り着けそうにない、ということもあります。

　時間的制約もあります。特に女子校の多くは試験時の月例考慮がないため、早生まれの子は不利な時があります（前著の131ページをご参照ください）。

　また、女の子のマナーとかお父さんの面接での対応が不十分、といったことは数字で測れませんので、そこが大幅に欠落していると、やは

り11月までには間に合いそうもないということも起き得ます。

しかし、女子校を受けるつもりで準備すれば、ペーパー力が上がりますから、結果的に共学校にも合格できるという可能性は広がります。

女の子はなんだかんだ言っても、やはり真面目でやるべきことはちゃんとやる、という子が多いです（時にはママとけんかしながら）。多くの女性に共通する美徳でしょう。

やらなくちゃならないとひとたび納得して取り組み始めるとペーパー力は増していきます。その先にあるのは、実力一本で合格できる女子名門校です。

母と子は、人格も魅力も別

ただし親の意向で、親が決めた志望校に、わが子がそれほど向いていないのに、無理やり向けることはあまりお勧めできません。

特に女子名門校は、ふだんのありのままの暮らしぶりに、いろいろと制約が多くなるかもしれません。マナーもそうですね。

ペーパーも、合格のためには質の高さと量の多さを両方とも追求しなければなりません。それにわが子が従順についてくるか、幼い幼児にはなかなか厳しいものがあります。

お母さんが白百合や雙葉や豊明や英和や聖心や立教女学院や光塩の出身でも、生まれたわが娘には持って生まれた資質があります。

もしかしたらわが子の内面には、お母さんとはまったく方向性の違う魅力が、たくさん詰まっているのかもしれません。

お母さんには簡単にできることが、わが子にはとても難しいこともあるのです。

無理やりやらせることで、大事な時期に子どもが本来持っていた良さを失ってしまう可能性もあります。

子どもの長所に光を当てずに、短所の矯正やダメ出しばかりしていると、子どもの伸びる向きがどこか変な方向に向いてしまいそうです。

お母さんがペーパーの指導をするときは、とにかくこらえることで

す。「さっき教えたばかりのことがまたわからないのっ！」なんて頭に来ちゃうことってありますよね。

　でも、まだ幼児ですから、100回教えないとわからないし定着しないものですよ。お母さん、まだ9回しか教えていないです。あと91回がんばりましょうね（前著の148ページをご参照ください）。

　わが子を認めること。少しでも良いところを見つけてほめること。「そうそう、あきらめないで考えて、えらいわ」とかね。

　「探しても探しても、まったく今日はどこもほめるところがないじゃない……」なんていう日なら、もう顔色でもほめちゃいましょう。「今日はお顔がぴかぴかしてるね！」（泣）

　積極的な言葉を発していると、気持ちは上向きになりますよね。

解説　失敗するのは怖くない

　ペーパー力を高めようとする時、100人中100人のお母さんはわが子に与えるペーパーの枚数を増やし、難易度を高めます。ペーパーの枚数を減らして、すこし難易度を下げて基本的なところに戻ろう、というお母さんはほとんどいません。

　プロはいろいろと指導の引き出しがありますから、ちょっと違う角度から考えさせるとか、まずその子の得意分野を5分間やって、調子を上げてから苦手分野に入るとか、いろんな手法を採ります。

　ペーパーをやるのに煮詰まったら、ペーパーから離れて、わが子が好きなことにしばらく没頭させてみる、というのはいい方法です。

　なんでもそうです。自己実現がないから嫌いになるのであって、「できた！」と達成感を得られれば、「嫌い」は克服できます。

　「得意なことは好きなこと」ですから、制作が好きなら制作の時間を増やして様子を見ることも効果があるでしょう。

　体操の時間を増やして、鉄棒で逆上がりができるようになったとか、なわとびが跳べるようになったとか、スキルが身についたことを喜べる、そういう機会を意識して作ることですね。

特に運動は、スキルが身につくまでは失敗の連続です。失敗から学ぶことのほうが多いぐらいです。さんざん失敗したそのあとに成功があることを体験し学べるって、素晴らしくないですか？

　同じ喜びが、ペーパーでも味わえるように、ペーパーでもわが子が得意な分野を多く取り混ぜてやることです。

　10枚のペーパーに取り組むなら、簡単なレベルのものを6枚、中くらいのレベルのものを2枚、難しいものを2枚ぐらいが目安です。

　うまくいかない、ということは、その方法は間違っていると神さまが教えてくださっていることです。

　わが子って、親が学べるように神さまが遣わしてくれた天使ですからね。天使と一緒に暮らせる人生って、夢みたいに幸せでしょ？（ときどき悪魔に見えます、なんて言わないで）

　お母さん、お父さん、がんばってわが子に効くオリジナルメソッドを開発してくださいね。

┃ 3月のホームワーク

　たとえばペーパーでは、話の記憶・数（条件・推理・合成・文章題）・数量・回転・図形構成・対象の模写・折り下げ図形・注意力（同図形発見）など、いろんな分野に取り組んでください。苦手分野を攻略するために、「今月の目標と達成表」に組み込んでもいいでしょう。

　模倣体操はやっていますか？

　また、ラジオ体操を徹底して練習して、動きにキレが出てくるようになれば、きっとほかの運動も活きてきますよ。

　ケンケン・ケンパーを素早くできるように。これは基本です。

　飛行機バランスをピタッと10秒静止を決められる子は、新しく年長になった幼稚園のクラスでも、20人に1人しかいません。つまり、その子だけが合格です。

　お子さんの資質にもよりますが、トレーニングすればなんだって上達しますよ。

3月の目標と達成表

わが子の目標を書き、毎日、🏵 ○ △ ×で達成をチェックしましょう。

3月	起床・就寝	生活	運動				ペーパー							巧緻性			他
課題 (分野)	早寝早起き	お手伝い	模倣体操	なわとび	ボール	指示運動	言語	常識	数	位置	図形	記憶	推理	生活分野	制作	絵画	
目標 (例)	20 6・・・30 15・	雑巾がけ・しぼり靴磨き	飛行機バランス15秒	30回	30回小ボールの扱い	動物歩き	形容詞・動詞	分類	1対多対応	方向弁別	基本構成	方眼上の記憶	関係推理	衣服・洗濯物たたみ	ちぎり絵	実物を見て描く	
わが子の 目標																	
1( )																	
2( )																	
3( )																	
4( )																	
5( )																	
6( )																	
7( )																	
8( )																	
9( )																	
10( )																	
11( )																	
12( )																	
13( )																	
14( )																	
15( )																	
16( )																	
17( )																	
18( )																	
19( )																	
20( )																	
21( )																	
22( )																	
23( )																	
24( )																	
25( )																	
26( )																	
27( )																	
28( )																	
29( )																	
30( )																	
31( )																	

いよいよ年長。あと半年しかない?
いや、まだ半年ある!?

> ●エピソード4月
> **伸び悩みの春**

　春休みは教室の春期講習会。言葉と表現力を伸ばすことがテーマでした。レッスンの様子が少し見られるのですが、Kくんのママはイライラしっぱなしです。
「先生の話を聞く態度がなってない！　待つときの姿勢はなんなの！　だから、先生の指示の細かい部分が聞けていないんじゃない！　原因はいつもこれだぞ！　コラァ！」
　その結果、4月の模試が奮わず、特に50点が満点となるペーパーでの点の取りこぼしが大きいのです。
　ペーパーもやってはいます。やってはいますが、市販の基礎的な問題集はもう何度もやってしまい、繰り返しのペーパーだらけになって飽き気味の様子。新しい問題集も見つからず……。
「ちゃんと集中して聞けていれば、もっと点は取れる。ここで1点、ここで2点、少しずつ足していけば、すぐに40点を超えられそうなのに。いっつも30点台をフラフラして……31点とはなにごとだァ」(泣)
　クーピーなのかえんぴつなのか。青なのか赤なのか。マルで囲むのかマルをつけるのか。列は右から3列目なのか、段は上から3段目なのか。そんなことばっかりじゃないか。
　Kくんのママは落としたはずの肩が、怒りでまた盛り上がってしまうのでした。
　がんばっているのに結果が出ない、ついイライラ。そんな状態だから、見逃してやっていいほどのあらを見つけては、ガミガミ。Kくんもそんなママにふてくされて、反抗的です。
「あーん、泣きたい」とKくんのママも珍しく泣き言です。

●エピソード4月
脳の栄養は糖分。でもさらに大事なたんぱく質

　午前中に春講の特訓。午後は絵画・制作講座や受験体操など、この数日間は集中して忙しく過ごしています。

　ちょうど桜のころですから、今日の昼食に教室近くの桜並木でお弁当を広げています。この数日を観察して、Kくんの午後のパフォーマンスが、食事によって違うような気がしました。

　昼食に、おにぎりやパン、時にはパスタというメニューはKくんもママも好物です。でも、お昼に多く炭水化物を摂ると、直後に糖となり脳に栄養を送るとは思いますが、血糖値が一時的に上がったあとの下降も大きいように感じるのです。

　そこでママは、タンパク質の補給を強化です。工夫して野菜を多めに摂れるようにしながら、肉やチーズやゆで卵を多くし、牛乳やヨーグルト飲料をメニューに加えたり、時には納豆を3パックかき込んでみたり、と変化させながら様子を見てみました。

　すると、Kくんの午後の集中力は、より持続してきたように感じます。おにぎりをお腹いっぱいに食べて眠くなって少しぼうっとするという、あの幸せな満腹感は失われてしまいましたが。

　昼もおやつも、トレーニングの一環と思うと、それはそれでママの目的意識が高まるのでした。

　Kくんのなわとび特訓は連日続き、連続で25回跳べるようになりました。でもママは満足できません。

　教室での受験体操教室を参観すると、姿勢が良く、先生の指示を待つ体勢ができあがっている子がすでにいます。

　「Kはピシッとできないなぁ。あんなに走っているし、なわとびもがんばっているのに、どこが違うのかな？」と思い、Kくんのママは、『世界で一番美しい人体図鑑』のページをめくりました。

　「真っすぐな脊髄の上になにがあるの？」と見てみたら脳と脊髄をつなぐ脳幹の上にあるのは小脳でした。

「小脳って体を円滑に動かす機能を司っているでしょ、だって認知症の原因のひとつは小脳の萎縮にあるって聞くじゃない。そして、平衡感覚を保つのもここか。内耳の働きにも連動しているのね」

　そう考えて、Ｋくんのママは昔、お父さんと遊んだ、科学玩具の地球ゴマを連想しました。

「『地球ゴマってジャイロ効果の原理を応用していて、軸がぶれずにずっと回転していたよね』ということは『小脳って地球ゴマを内蔵しているようなイメージかな。コマは静止しているように見えるけれど、実は猛烈に回転運動して体のバランスをとっている』。ふんふん。『じゃあ、コマの回転を指でつまんで止めちゃったら、逆に周りの世界が振り回されるかも。ヘリコプターのプロペラをつまんで止めたら機体が反作用で回転しちゃうみたいに』。なるほど。『しっかり静止して立っていられない子は、小脳の地球ゴマが回転していないから、体の方がぐにゃぐにゃ振り回されるんだ！』。そうだ！　だから『小脳の地球ゴマを鍛えている子は、ピシッと背筋を伸ばして、ぶれずに真っすぐ立っていられるんだ』」

　わかった！　Ｋももっと運動をして、体幹機能を高めれば、実技も姿勢も安定してくるはず。

「よしっ！　がんばろう」

　Ｋくんのママ、その「小脳の地球ゴマ機能」って新説ですが、医学的にはどうなんでしょう？　でも、自分なりに納得して、練習に取り組む姿勢はとても素晴らしいと思いますよ。

Ｋくんの4月の目標と達成	
運動	なわとび連続35回・キャッチボール・大ボールつき連続50回
絵画・制作	ちぎり絵強化・ハサミ強化 毎日少しずつ進めていた地球のジオラマが完成
言語	話の記憶（毎日最低1枚）
ペーパー	今月のホームワーク（教室で渡される） 教室で習った単元と同じものを市販教材で

4月　いよいよ年長。あと半年しかない？　いや、まだ半年ある!?

4月は「志望校に合格できるか？」と予測を立てる時期

　教室での模擬試験の結果はどうですか？　順調に成績は伸びていますか？　志望校が出題する分野や傾向とわが子の適性は？
　模試の結果を見るとき、まず基準となるのは平均点です。
　わが子の点が75点でも、教室全体での平均点が73点だとそれほどでもないし、わが子が60点だと今すぐテコ入れをしなければならないでしょう。
　そして志望校に対し、合格の目安として必要な点を知らなければなりません。
　過去3年の志望校の合格実績を、教室に教えてもらいましょう（一覧表を見せてくれる教室はほとんどないかもしれませんが）。
　過去3年間で、わが家の志望校に合格した子は、教室でどんな成績だったのか？　これが一番の手がかりになります。
　年間平均で何点取っていれば、志望校に合格できるのか？
　どうしてもわが子には点が甘くなってしまうのが親心のなせるわざなので、そこには客観性がないと、見通しを誤るのですね。

志望校の確定は7月

　たとえば、暁星や成蹊が第一志望だとします。
　教室での過去3年間の合格実績で、暁星に合格した子では、年間平均点で72点の子が一番下の成績だったと仮定します。つまり71点以下の子では合格できていないということです。
　そしてわが子の4月までの模試での平均点が68点だとします。届いていませんね。11月から7回行った模試の平均が68点だとすると、9月の模試までのあと5回で77点平均までに達しないと、年間平均で72点に届きません。
　少なくとも7月模試までのあと3回で77点平均を取れるレベルに達しなければ、暁星合格は、数字の上では難しい、と読みます。

ところがわが子の得意分野が、話の記憶と図形で、そこはいつも得点が高いということになると、また話は変わります。

　成蹊のペーパー出題はまさにその分野です。

　もしかしたらわが子は、暁星よりも成蹊に向いているかもしれない、という予測が立ちます。

　7月までに志望校を確定できるように、その方向性を真剣に探るのが4月なのです。

‖ 4月のホームワーク

　運動の時、ボールは大小そろえてください。大ボールの投げ受けが怖くてできない子も少なくありません。大ボールって、ドッジボールだと硬くて顔に当たると痛いですからね。柔らかい大ボールは市販されていますから、それで慣れてください。

　ボールはピンポン玉からドッジボールまで10種類ぐらい用意して、ふだんから遊んだり、練習したりしていますよ、早・慶・筑波に合格するご家庭は。

　春休み中は、家族イベントが大事です。

　泊りがけで家族で行動もできますね。わが子はすっかり遊んでいるつもりでも、実は受験を意識したイベントをやっている、というのは賢い親の作戦ですね。

　春キャンプで、初めてテントを張ってシュラフで眠った、なんていう経験からも、ものすごくたくさんのことをわが子は学ぶでしょう。

　風向きを考えながら石を積んでかまどを作ってみるのもいいですね。慶應の中学入試でも出ています。火を起こすのだって、摩擦熱でそれをやろうと思ったら、まず大人でも1時間はかかる大仕事です。

　自然界で生きていくことの大変さを学ぶことで、家に帰ってからも毎日の暮らしを意識して過ごすようになります。

　ほらお父さん、わが子の受験でもなかったら、まさかキャンプをするなんてことはなかったのでは？　わが子と歩む、充実した人生ですね。子育ての青春の真っ只中ではないですか。素晴らしい！

4月の目標と達成表

わが子の目標を書き、毎日、🏵 ○ △ ×で達成をチェックしましょう。

4月	起床・就寝	生活	運動				ペーパー							巧緻性			他
課題 (分野)	早寝早起き	お手伝い	模倣体操	なわとび	ボール	指示運動	言語	常識	数	位置	図形	記憶	推理	生活分野	制作	絵画	
目標 (例)	20 6 … 30 15・	雑巾がけ・しぼり 靴磨き	ラジオ体操	35回	50回	動物歩き	お話を聞いて思ったこと	科学の分野	分割	方向弁別	折り上げ・下げ・曲げ	絵・言語・具体物	欠所補完	箸で豆つまみ	紙の真ん中をくりぬく	方向弁別画	
わが子の 目標																	
1（　）																	
2（　）																	
3（　）																	
4（　）																	
5（　）																	
6（　）																	
7（　）																	
8（　）																	
9（　）																	
10（　）																	
11（　）																	
12（　）																	
13（　）																	
14（　）																	
15（　）																	
16（　）																	
17（　）																	
18（　）																	
19（　）																	
20（　）																	
21（　）																	
22（　）																	
23（　）																	
24（　）																	
25（　）																	
26（　）																	
27（　）																	
28（　）																	
29（　）																	
30（　）																	

5月
がんばっても、がんばっても……
そんな時は外に目を向けて

●エピソード5月
結果が出ない……母はイライラ、子は反抗的

　幼稚舎ブランドを妄信するわけではないけれど、「最高峰に登頂するために、毎日合理的なトレーニングをすることって悪くない」と運動部育ちのKくんのママが考えてスタートした小学校受験。
　しかし、「始めたからには目標に到達しなければならない！」という気持ちも日に日に強くなってきています。
　ペーパーや絵画、運動と、なんだか気持ちが入らず、疲れて起き上がるのもやっとなのに早朝から運動をしたりしていると、毎日のノルマを達成することが目的になっているような……。

　さあ、今日のペーパーです。
　「はじめようか」と気を取り直して明るく声をかけているのに、Kくんに露骨にいやそうな顔を向けられると、「なめとんのかぁ！」と一喝したくなります。
　Kくんのママにとって、かつて経験したことのない怒りの感情が爆発的に沸き起こることがあって、なによりそれがママを傷つけます。
　そんなときに夫から「そんなにツライなら、小学校受験なんてやめたら」と言われるとつい、目からしずくがぽろぽろと落ちてくるKくんのママでした。悔しいから別の部屋に逃げ込んではいますが。
　私が言ってほしいのは、そういうことじゃないの。
　「いろいろ大変なことがあるけれど、Kがこんなに成長しているじゃないか」とかね。
　「きみががんばってくれているからだって、わかっているよ」とかね。
　「ありがとう」だけでも「お疲れさん」でもいいの。そういういたわ

りとか、ねぎらいとかね、そういう言葉なの、聞きたいのは。気がついたら、お夕食のお皿をきれいに洗って片付けてくれていたとかね。
「どうしてわからないかなぁ」と溜まったお皿を洗う手が、少しだけ乱暴になってしまいます。
　受験より前に、「この夫婦がだいじょうぶなのか?」なんてふと、思ってしまうKくんのママでした。

　そんなある日、Kくんがいつものように、戸外の木々が見える窓に向かったじゅうたんにあぐらをかいて座り、いつもの本を見ています。
　飽きもせず繰り返し見て、もはやぼろぼろに表紙がめくれているのは、バージニア・リー・バートンの『せいめいのれきし』でした。
　Kくんのママも子どものころに愛読した本です。
　Kくんはその昔、ページをめくっては指さして「ダー」と喃語を発していました。
　それが少し成長すると「これ」と言えるようになり、「なに?」と聞けるようになりました。
「地球よ」とママはうれしく答えました。
　また少し経つと、「ここはどこ?」と聞いてきます。
「地球よ。ずっとずっと昔の地球」
「地球ってどこ?」
「Kが今住んでいる、この星が地球なのよ。このページも、このページも、描かれているのは、今よりもずっと昔の地球」
「これはなにが作ったの?」
　その意味が分からず、ママはちょっと「教え」的に答えました。
「神さまがお創りになったのよ」
「神さま?……そうじゃなくて!」と怒られてしまいました。
　Kくんの疑問はいったいどこから発しているのか、そこはママにもわからなかったのです。そしてまた数か月が過ぎました。
「地球のなにがシダになって、なにがアンモナイトになったの?」と聞かれても、ママは依然としてKくんの意図する疑問にたどり着けません。

「だから、地球のエキスかなにかが、木とか葉とか魚とか恐竜とかになったんでしょ？ 変わったっていうか……」とむずかゆそうにしているKくんを見て、ママものど元のあたりがかゆいのです。

「Kはカブトムシやクワガタも、おもしろがりはしたけれど、自ら飼って観察しようという気にはならないなぁ」と結局ママが、土のマットを交換したり、フンを取り除いたりしなければならなくなりました。

恐竜展にも何度か足を運びましたが、恐竜そのものよりも、その時の地球の様子がどうであったかとか、海や火山や森や、地球そのものに興味が強いようでした。

ママとしては、Kくんに男の子が一般的に興味を惹くようなことに関心を持ってもらいたくて、そしてもっと深く興味を掘り下げてもらいたくて、少しずつ誘導していたのですが、ハッと気づいたのです。

Kはもしかしたら、地球そのものに深い興味があるのでは？

なんでそんな大事なことに今まで気づかなかったのでしょう！

母親って一所懸命になると、自動的に視野狭窄になる。

そうとわかれば書店に直行です。Kくんは自分の興味がある本が、どのあたりの棚に並んでいるのかがわからなかっただけで、ママが見当をつけて連れて行っただけで、自分のむずかゆさがどこで解決するのかがわかったのです。

「まさに僕の知りたいことが詰まっているんだよ！」と言わんばかりに、Kくんは次から次へと書棚から本を引っぱり出しました。

ママはKくんの頭脳に、知識と知恵の金鉱でも掘り当てたかのような気分でした。

本のページを目の色を変えてめくり、むさぼるように熱中して読むKくんを見て、「そうそう、もっとやれ！」という気分です

金鉱を掘り当てたのは書店も同じで、Kくんのママに、本日は結構なお買い上げをいただいたのでした。

解説 「わが子が幸せになれる」学校選び（親が、ではない）

5月、6月は学校説明会の季節です。学校を知るとは、学校に足を運

び、好きになることです。好きな学校を増やしましょう。

なぜ好きな学校を増やすといいのか？　併願校が増え、合格の可能性も増えるからです（前著の72ページご参照ください）。

第一志望校は難易度も一番高い学校でしょうから、その下の第二志望や第三志望で好きな学校が増えると、合格できる学校も増えるわけです。

学校の印象は重要です。もちろん良い印象なら、志望動機を強めます。第一志望だったにもかかわらず、実際に訪れてみると、「どうもわが家とは合わない？」なんていうこともあります。

逆に、下調べの段階では特に印象はなかったけれど、来てみたら素晴らしい生徒たちの学校生活の様子と、あったかな学校の雰囲気で大ファンになった、ということも頻繁に起こることです。

学校説明会では、校長先生のお話しは全文速記で書き取る努力をしてください。

お話しの中で、親として感動した箇所が、9月に書くことになる願書の骨子となります。「校長先生の、このお話に感動し、御校を志望いたしました」となるわけです。面接でも同じです。

少し話が飛躍しますが、ホモサピエンスの骨格が出土して、復元した姿や想像画を博物館で見て、私たちは「これがホモサピエンスか」という印象をもちますね。

でもそれって本当に、ホモサピエンスですか？

ホモサピエンスの一人ではあるでしょうけれど、太古のその時代だって、鈴木さんもリチャーズさんもイワノフさんもいたでしょうから、たった一人や二人の骨格標本から、ホモサピエンスの総体を推し量るのは無理がありませんか？

だから、たくさんの生徒さんを見てください。たった一人か二人しか知らないその学校の生徒さんで判断しないように。

まして人から聞いた「〜らしいよ」といった不確かなイメージで学校を判断するなんて、危険すぎます。

百聞は一見に如かず、です。情報は足で稼ぎましょう。

　繰り返しますが、併願校はできるだけいっぱい探しましょう。
　なぜなら、受験日や時間が重なって、実際に受けられる学校が減るからです。その時のためにも、スーパーサブを用意することは大事ですよ。

志望校に行き、下校時に普段の生徒の様子を観察しよう

　学校説明会や見学会では、実際にその学校の生徒さんの様子を見られる学校と、ビデオ映像で見せる学校があります。
　学校の考えによりますが、実際の生徒さんの様子が観察できないと、正直ありのままの学校はわかりません。
　学校説明会で校長先生の話に耳を傾ければ、それぞれの学校には、さまざま立派な教育の哲学があることはわかります。
　しかし、「その教育の実践として、どのような子が育っているのか？」が見えないと、判断にはなりません。
　数年後のわが子を投影し、成長ぶりをイメージするには、母体となる、その小学校で育っている生徒さんたちと重ねて見ることです。
　では、どうすれば志望校の小学生が実際に見られるでしょう？
　だれにでも、特別の時でなくても、その学校の生徒さんが必ず見られる機会があります。
　登下校のときです。朝はみな忙しいですから、下校時がお勧めです。授業が終わり、リラックスした生徒さんたちが、仲良し同士でおしゃべりをしながら駅へと向かうでしょう。
　一般的なイメージで、活発な子が多いと思われているあの学校も、マリア様の御教えのままに、私にできることを考えて日々を誠実に暮らす子でなければ入れないと思われているあの学校も、下校時間にお友だちと一緒に駅まで歩く姿を観察すれば、また違った面が見つけられて、興味深いですよ。学校を理解する手立てになります。
　生徒たちの流れに沿って、一緒に歩いてみましょう。耳をそばだて

ながら「うちの子に合うかな?」とかいろいろ観察しながら。

でもいくら学校研究のためとはいえ、ビデオで生徒たちを録画などしたら、通報されてしまうかも。特にお父さん、注意、注意。

解説 沿線・路線を確認しよう

いつも使っているJRや地下鉄や私鉄の路線図でなく、バス路線も調べてみてください。新発見があるかもしれません。

「地図を広げてつぶさに見てみたら、いつものJRではなく、家から10分歩くとバス路線の停留所があることを知りました。そのバスを使って別の私鉄路線を使えば、憧れの学校にじゅうぶん通える通学時間だとわかりました」というお母さんの体験談は多いです。

5月のホームワーク

教室の授業は、5月、6月は発展と応用の段階となります。

ペーパーもただ難しさを増すだけでなく、いままで習ってきた分野が複合的に組み合わさって問われることも増えてきます。

数や言葉の順唱、逆唱、文章の復唱、暗唱などは、教室の往復のときや、ちょっとした空き時間に「頭の体操」の一環としてやりましょう。

方向弁別、四方観察も問題が徐々に難問になってきます。

わからなくなったら具体物です。

積み木を上から右から横から見ると? 三角柱は横から見たらどういう形? 真上から見た形の推理もあります。図形は多くの学校で頻出します。

数の増減、マジックボックスも、マークのお約束をしっかり覚え、ペーパーのスタートのところに、増える数だけ○、減るときは／で消していくやり方を徹底しましょう。

5月の目標と達成表

わが子の目標を書き、毎日、❀ ○ △ ×で達成をチェックしましょう。

5月	起床・就寝	生活	運動				ペーパー							巧緻性			他
課題(分野)	早寝早起き	お手伝い	模倣体操	なわとび	ボール	指示運動	言語	常識	数	位置	図形	記憶	推理	生活分野	制作	絵画	
目標(例)	20 6/30 15…	おつかい・お風呂掃除	飛行機バランス 20秒	50回	50回	動きの組み合わせ	しりとりあたまとり	鏡	マジックボックス(増減)	指示を聞いて判断	折り上げ・下げ・影絵	音・図形	地図上の左右	ちょう結び	モザイク編みなど	条件画	
わが子の目標																	
1( )																	
2( )																	
3( )																	
4( )																	
5( )																	
6( )																	
7( )																	
8( )																	
9( )																	
10( )																	
11( )																	
12( )																	
13( )																	
14( )																	
15( )																	
16( )																	
17( )																	
18( )																	
19( )																	
20( )																	
21( )																	
22( )																	
23( )																	
24( )																	
25( )																	
26( )																	
27( )																	
28( )																	
29( )																	
30( )																	
31( )																	

6月

「もうやめようか……」と
だれもがジメジメする6月

  ●エピソード6月
迷って、迷って。結局、先生が頼りの併願校選び

　毎週土曜日は、学校見学会、説明会というスケジュールになってきました。教室の土曜日は朝からレッスンですから、わが子はほぼ預けた状態で、Kくんのママはいろんな学校に足を運びます。
　こんなに忙しいというのも、併願校選びのためなのです。
　願書を出すまではこちらが決めること、入学をさせるかどうかはあちら様がお決めになること、と先生にも言われていますので。
　ペーパー難関校は、模試のペーパーの点数で、時期が来ればある程度の合否が読めます。でも行動観察校では、入試本番の一発勝負で合否が決まることもあるので、親は判断しづらく悩みどころです。

　100点満点が続出するほどペーパーの難易度が高くない早実初等部は、やはり行動観察が主体となる学校です。
　Kくんのママは、教室で受けた早実模試の結果が微妙なところで、Kくんの早実への適性判断ができかねていました。
　『ペーパー』は「話の記憶」が9点、数量は8点、重ね図形が8点。『指示制作』の「封筒づくり」が4点。『行動観察』の集団遊びが7点。『生活習慣』の「三角巾結び」はできず、「雑巾絞りや干し」2点。「箸づかい」も2点。『運動』は「ハードルと雑巾がけ」は7点、「踏み台昇降と言語発表」も7点。などなどの総計が63点。そして受験者全体の平均が65点台だったのです。
　「自己分析をして、適性がないといえばないけれど、絶望するほど悪くはない。うーん、親の欲目のせいで、判断できないなぁ」
　今月の個人面談では、早実を担当する先生からのKくんの早実への

適性評価は悪くはなく、改善すべき点を聞くと、今後の毎日の生活の中でも解決できるところはある、と思えました。
「細かな指示の聞き違いと、作業スキルの足りなさが点数の伸びを阻害している。それらは練習で克服できること。そして自信をつけて、落ち着いて取り組むように」
これらがKくんの今後の課題だとママは理解できました。

●エピソード6月
早くも親の模擬面接がスタート!

そんな中、教室では6月と9月に、父親と母親に「模擬面接」が課せられます。入試の面接は実際には9月か10月ですから、「本番間際に集中特訓を行うことで間に合うのでは?」と思いましたが、6月にも真剣に準備しないといけないことを実感したのです。
Kくんのママは、5月からパパと打ち合わせをしてきたつもりでした。
今日は早実初等部の模擬面接を希望しました。もちろんKくん家の第一志望は慶應幼稚舎ですが、幼稚舎は面接がありませんので。

教室での模擬面接の当日、Kくんのパパとママは、いわゆる受験スーツ姿で、ミーティングルーム前で順番を待っていました。
ところが、ママが気づくと、パパのネクタイはブルーとレッドのストライプ柄です……。それって、慶應向きでは?
ミーティングルームへ入り席に着くと、いつになく堅苦しい雰囲気が漂い、いつも見知った先生の顔すら、緊張でまともに見られないほどでした。
「それでは、私どもを早実の先生だという前提で、質問にお答えください」と、やさしく笑顔を作ってくださるA先生ですが、ちっとも救われません。まず志望理由を聞かれたKくんのパパは、こう答えたのです。
「わが子をのびのびと育てたいと思い、早稲田を志望しました。大学まで続く御校の一貫教育の環境が、うちに適していると思いました」

それを聞いてKくんのママはイスから転げ落ちそうになりました。「本校をどのようにお知りになりましたか」という問いには「妻から聞きました」と答え、「学校への協力はしていただけますか」という問いには、「行事などはできる限り参加します」と答えたのです。

夫ながら、あまりに馬鹿丸出しの答えに、これが最高学府を卒業し、責任ある立場で仕事をする男の応答であるかと、驚きを通り越して、情けなくなってしまったのです。

「質問への答えを考えておいてね」と何度も頼んだのに……。Kくんのママは、面接の準備をパパに丸投げした自分を責めていました。

15分の面接時間でしたが、面接の問答はわずか5分で、残りの10分はこんこんと、優しい口調で、完膚なきまでに準備不足を叱られてしまいました。

「早実LOVEを語ってくださいね。そのためには早実を大好きになってください。その前に、何度も足を運んでもっともっと学校を知ってください。早稲田をほめてもだめです。早実初等部の教育のどういったところに賛同し、そのためにわが子を家庭でどのように教育しているのか、また学校に親としてできる限りのことをさせていただく決意を表明してください。以上です。応援していますから、がんばってくださいね」と締めくくりの言葉がありました。

部屋を出ると、緊張した面持ちの次の父母が、入れ替わりに入室します。その様子を背中で感じながら、Kくんのママは先生の言葉の優しさが身に染みて、廊下で涙が溢れてしまいました。

「ごめん」とKくんのパパは言うと、がっくりと肩を落としました。「なめてたよ、小学校受験を。たかが面接の練習でこんなに緊張するとは思わなかったし、こんなに子育てを問われるほど厳しいものだと知らなかった。それに、他の父母がこれほど一生懸命に準備していたとは知らなかった」

Kくんのママは涙をぬぐいました。そしてちょっとうれしい気もしました。なぜって、パパが初めて、事の重大さに気づいてくれたからです。

なんだかおいしいランチでした。教室の近くの店で、塩辛いカラス

ミのパスタを食べただけですが、こうして二人して、わが子のこと、子育てのこと、教育のこと、そして受験のことを、夫と話したのは初めてだったからです。

今日の面接は大失敗だったけれど、「ものすごく大きく前進できた」と実感がもてた日でした。

のど越しのいいエスプレッソコーヒーで、きゅっと気持ちが引き締まりました。

「さぁ、今日からまたがんばるぞ！」

●エピソード6月
パパが変わり始めた……

父母模擬面接の大失態を機に、Kくんのパパに明らかな変化が見られました。夫婦で語り合う機会が増えたのです。

Kをどういった人物に育てたいのか、その人物像、そして将来像。それをかなえるためには今後、どのような環境で教育をするのが最も適しているのか。

Kくんのパパのように大学受験で自らの将来を問えるように、それまでに充実した基礎学力を整えるのがわが子には合っているのか？　また、親としては息子にそういった挑戦をさせたいのか？　そのためには、暁星で高校まで進学するのがいいか？

改めて中学受験をするならば、宝仙や都市大付属、場合によっては遠くても洗足まで足を延ばすか？　森村という良い学校もある。

あるいは、教科の点数に左右されることなく、受験勉強で途切れることなく自分が没頭したい研究をするなら、Kなら「地球」をテーマにした探求を深められるような環境を整えてやるのか？　それならば大学附属の小学校が適しているのではないか？

さらに、抽選があるので、第一志望にはなり得ないけれど、国立大附属小には、子どもの能力や可能性をとことん追求して、もてる才能を開花させるための教育環境がある。過大な期待は持てないけれど、二次試験に合格して、最後の三次抽選で万一通ったなら、その可能性は残しておきたいと思わないか？

Kくんのママは、プレスコーヒーを二人分淹れることが幸せに思いました。とてもわくわくする夫婦ミーティングだったのです。
　もっとも意見が合わないこともありますが、こんなに親密に、真剣に夫が向き合ってくれたことがうれしかったのです。
　「これもわが子の教育や子育てのことがテーマだからね」と神さまに深く深く感謝するママでした。
　「やっぱりがんばって、暁星にしようかなぁ」
　オイオイ、それなら言葉だけでなく具体的に、ペーパーをもっとがんばってくださいね。

わが家にとって「引き分け」の学校はどこ?

　受験で大切なことは「結果は、悪くても引き分けに持ち込む」ことです。たとえ第一志望に合格は果たせなかったとしても、「この学校に合格できたのなら良くやった」と自己評価ができることです。
　そのとき合格した併願校に進学するかどうかは、受験が終了してからゆっくり決めればいいことです。合格するということが大事。
　だからこそ、併願校を探し、好きな学校を増やすことは、お母さんの最終的な自我の安定につながるのです。
　学校を知り、校長先生のお話に傾聴し、生徒さんの学校生活を観察し、そうした下準備が進めば、願書を書く時も、面接を受けるときも、学校に熱意や誠意を伝えられます。
　こうして受験を戦える準備が整ってきます。

　ちなみに慶應幼稚舎はここ20年以上、入試時に父母の面接が行われていません。それは単純な理由で、年によっては2000組に近い受験者となる家庭を面接することができないからです。
　その代りに、ハードルの高い願書が父母に課せられるわけです。
　不思議なことに、面接がないのにもかかわらず、面接が仮に実施されていたとしたら、合否に影響が出そうだと懸念されるような父母の元には合格通知が届いていないように見受けられます。まことに不思

議です。願書には神通力が宿るのかもしれません。

　6月に入試模擬面接を父母に対し行う教室はまれです。

　入試の間際の9月に面接特訓を実施するのはあたりまえのこと。夏前にも行うことの最大の意義は「親の意識を高める」ことに尽きます。「しまった。自分がこれほど志望校について知らなかったとは」とか「家庭において、これほど自分が責任を果たしていなかったとは」と大切な気づきがあるものです。

　事実、私の教室では本番直前の9月の段階でも、模擬面接準備で、1回でOKとなる家庭は30％ほどしかいません。まして6月の模擬面接は言うまでもない結果です。

　教室からしたら指導には大変な手間がかかり、父母に対しては神経を使う模擬面接ですので、夏前のこの時期に全会員に実施するのは相当な負担です。それでもやるのは人助けだからです。

‖ 6月のホームワーク

　地図上の左右の見分け方は、「話の記憶」の中で出題され、複合的に聞かれます。お母さんにとっては苦手分野の一つで、いかに10歳までの、感覚が鋭敏な時期に図形分野に慣れ親しんでおくかが大事ということを痛感する時かもしれません。

　対象図形の問題は、折り曲げ図形（折り下げ、切り上げ、左右への折り曲げ）、鏡や水面に映った絵など、さまざまに出題されます。

　回転も学習しておきましょう。

　立体の展開図は、サンプル模型を作り、それを分解して立体を理解することで、よくわかるようになります。実物、具体物に触れることはやはり大事です。

　図形構成はまだまだ苦手なお子さんがいます。幸い、子どもからすると遊びの意識が高く、親しめるものなので、三角ブロックやプレートパズル、マジックブロックは引き続きやりましょう。休憩時間代わりにパズルの時間、として組み込んでもいいですね。

80

6月の目標と達成表

わが子の目標を書き、毎日、🏵 ○ △ ×で達成をチェックしましょう。

6月	起床・就寝	生活	運動				ペーパー							巧緻性			他
課題（分野）	早寝早起き	お手伝い	模倣体操	なわとび	ボール	指示運動	言語	常識	数	位置	図形	記憶	推理	生活分野	制作	絵画	
目標（例）	20 6 …30 15・	おつかい・お風呂掃除	指先まできちんと	50回	50回	動きの組み合わせ	ことば探し	季節・科学	加算・減算の応用	正確にスピーディーに	折り曲げ	集中して見る・聞く	回転・展開図	エプロン後ろでちょう結び	指示制作の発展応用	発展画	
わが子の目標																	
1（ ）																	
2（ ）																	
3（ ）																	
4（ ）																	
5（ ）																	
6（ ）																	
7（ ）																	
8（ ）																	
9（ ）																	
10（ ）																	
11（ ）																	
12（ ）																	
13（ ）																	
14（ ）																	
15（ ）																	
16（ ）																	
17（ ）																	
18（ ）																	
19（ ）																	
20（ ）																	
21（ ）																	
22（ ）																	
23（ ）																	
24（ ）																	
25（ ）																	
26（ ）																	
27（ ）																	
28（ ）																	
29（ ）																	
30（ ）																	

7月

「夏を制する者は受験を制す」
梅雨も猛暑も気合で乗り切れ！

●エピソード7月
大ショック

　Kくんのママは、今月の初めに受けた別の教室の模擬テストの結果を見て、大ショックをくらい、リビングの床にKOされてしまいました。ペーパーの点数が最悪の結果だったのです。

　ママの反応を見て、Kくんも自信を失いました。二人してしょんぼりしてしまいました。

　梅雨もまだ明けず、家じゅうが「じめ〜っ」としています。

　暁星どころではない。そんな甘い期待を今もっていてもダメだ。

　Kくんのママは立ち直り早く、というより「落ち込んでいる場合じゃない！」と次の一手を考え、新たな一歩を踏み出しました。

　まずはペーパーの難易度を下げました。そして初心に戻り、入会以来続けてきた教室のペーパーとホームワークをもう一度、11月の年長スタートの時から、すべて行うことにしたのです。

　ヤフオクで手に入れた格安の業務用コピー機が、わんわん唸ってコピーの山を吐き出しています。時おり、プヒーとかいう音も出るようになりました。

　「受験が終わるまでもつかなぁ、このポンコツ。頼んだよ」

　翌朝から大特訓です。

　Kくんのママが前夜のうちに準備したのは、さまざまな分野をセットしたペーパー。10枚のペーパーをホッチキスでとめ、1セットにしました。

　10枚の中身は、簡単なもの、やや難しいもの、難しいものを取り混ぜ、どんどん進めるように、枚数をこなすことが自信につながるよう

に、簡単な内容のペーパーが7枚ぐらい含まれるように作りました。

　Kくんのママ、策士ですね。男の子はガラスのハートですからね。いくら苦手克服といったって、難しいペーパーばかりを続けられたら、ぺしゃんこにつぶれちゃいますものね。

　そして、それをストップウォッチで時間を計りながらやりました。「はじめ」「やめ」の合図も試験通りです。「青いクーピーで三角をつけなさい」といった、Kくんの苦手な指示の聞き違いもチェックです。

　10枚で1セットのペーパーは、Kくんの得意分野をやり、次は苦手分野をやり、また得意分野をやり、と変化をつけながら、苦手分野を徐々に克服できるようにしました。

　ペーパーを次々に、といってもペーパーばかりでは幼児の集中力は続きません。途中で戸外の運動、特に体幹を強めるバランス運動をして、短時間で集中力を高めるトレーニングを加えています。

　こうして朝の体操から朝食からペーパーから皿洗いからなんやかやで、まったく無駄のない2時間があっという間にすぎるようになりました。

　幼稚園へ登園の際も、反対言葉、しりとり、ことば集め、同音異義語など、ことばあそびは続きます。

●エピソード7月
体力と持久力がついて、ペーパーの集中力がアップ

　うれしい変化がありました。

　模擬面接での失敗以来、お休みの日にKくんをパパが外へ連れ出してくれる機会と時間が増えたのです。

　今までも戸外であそんでくれるパパでしたが、明らかに目的意識があり、一見あそんでいるようだけれども、根底にはなにか父から息子へ伝えようとする「想い」が感じられるようになってきたのです。

　そして、休みの日のランニングは5キロを超えるようになってきました。富士山に登るため、というKくんの目的意識が語られるようにもなりました。

　結構いいペースで富士登山というイベントに向けて盛り上がってい

ます。「いいぞ、いいぞ」とKくんのママはうれしい気分です。
　Kくんの体力、特に持久力が増すにつれ、ペーパーに集中できる時間は以前とは比較にならないほど増えました。
　お手伝いだって、やる気に満ちているときのKくんの表情は、ずいぶん大人びてきました。
　弟のRくんのめんどうも、感心するほどよくみてくれます。
「ありがとうK。やっぱりお兄さんは違うなぁ、頼りになるし」
　そういうママの声はよく心に届くようで、Kくんはまんざらでもない表情で、お手伝いをする手が急にスピードアップします。

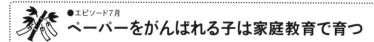

●エピソード7月
ペーパーをがんばれる子は家庭教育で育つ

　室長先生はいつも言っていました。
「わが子を頭の良い子に育てたければ、走ってなわとびをして運動をして、そしてお手伝いを山ほどさせることです」
　そして「生活面で自立できる子は1日100枚のペーパーなんか軽くやります。でも、母親がかりで、なんでもママに頼っている子は1日5枚のペーパーができません」と。
　まったくその通りでした。もっとはやくその意味が私の骨身に沁みていれば。
「それがわかっているから、早くから準備をしている子は違うんだ」と改めて受験態勢に入るタイミングが遅かったことを嘆きました。
　わが子の最近の成長を「今」喜ぶこと、もっと早くから教室に来ていればもっと余裕を持っていられる「今」だったのにと悔やむこと、行ったり来たり立ったり座ったりと心が落ち着くことはありません。でも最後には、「よしっ！　今からがすべてだ。がんばるぞ」と心を強く持つKくんのママでした。

解説
長い夏休み。2か月の攻防戦は親と子の精神の葛藤から

　この時期から、自分が目標に向かって努力を重ねていることを自覚

している子は、目力がついてきます。

つまり「行きたい学校がある！」「そのためにがんばる！」ということが、親の意思ではなく、自らの意志であると心が育っていることです。

少年として、少女として成長してきた心が目に現れてくるのですね。

お手伝いをして、自分が家の中で役割を担って家族のためになっていることを自覚し、皿を洗ったり洗濯をしたりおつかいができたり、生活していくためのスキルがたくさん身についている子は目が違います。目に力があるのですね。

自分でセットした目覚ましを止めて、戸外へ駆け出してなわとびの目標回数を跳ぶ子も、そのまなざしは違うはずです。

大事です、目力。

でもそれって、毎日をていねいに過ごしていくことで培われる力です。目力ばかり強くさせようと思ってもダメ。

中身も育っていないのに目に力をこめて大人を見ても、それ、目つきの悪い子どもですからね。

解説 夏はポイント制で「がんばる心」を動機づける

ペーパーや絵画制作、お手伝いや個別対策、巧緻性特訓や運動課題、面接練習、言葉で話す対面試験対策などなどの項目を、たくさん抜き出しましょう。

一つひとつの項目にポイントを与えます。そして1日50項目から100項目を計画してポイントを与え、シールを表に貼っていくのです。

たとえば、ペーパーの7枚つづりでお母さんが作った「数」を1セットとして、すんだら2ポイント。「大小の比較」の7枚1セットでまた2ポイント。「回転」1セットで2ポイント。少し気分転換でお風呂掃除をすませたら5ポイント。なわとび連続20回で5ポイント。風呂敷包みで3ポイント、などです。

前の晩のうちにペーパーをセットして用意するお母さん、お疲れ様です。

そして1日50ポイントの目標を達成したら、その日の予定表に達成の花マルと特別シール。特別シールが10枚並んだらピザパーティー。30枚になったら……なんて、楽しいですよね。

過去問の徹底トレーニングの開始

　志望校の過去問を徹底トレーニングする時期が、いよいよやって来ました。

　毎年の出題をつぶさに観察すると、出題の意図にまでさかのぼることができそうです。

　「この学校は、工夫力のある、やわらかい頭の子がほしいのね」とか「先生にきちんと言葉で説明できる、言語力を大事にしている学校なのね」とわかってきます。

　つまり7月は、わが子が向いているか向いていないか、学校名のブランド以外のことを本質的に理解する時期です。

類似問題や難問もまんべんなく取り入れよう

　お母さんの発問のしかたや、問いかけるスピードもいろいろと試してください。今まで何度となく取り組んだ問題でも、聞き方や音の強弱を変えてみましょう。

　どういう角度から、どういう言い方で聞かれても「あっ！　あの問題だ」とわかるまでやる時期です。

　7月、8月はひととおり応用問題や難問に真正面からぶち当たる時期です。苦手分野を見つけて、丹念に復習し、定着させましょう。

お母さんの「待つ」修行のクライマックス

　9月、10月は自信をつける時期です。お母さんが教え込み、答えまで導いていたのでは自分で答えにたどり着けません。

　そのために7月、8月は自分で考え抜く時期なのです。待ってあげて

ください。

「一分一秒でも惜しいし、早く答えさせて次の問題に進みたい」そんなお母さんの気持ちはよくわかります。

それでも、たとえ今夜の分として用意したペーパーの積み残しがあったとしても、わが子が答えにたどり着くために待ってあげてほしい。

今、わが子は「頭脳に思考回路を建築中」なのです。

待てるお母さんは、それだけで賢母です。

▌7月のホームワーク

繰り返しになりますが、早寝早起きが基本です。朝、起きたら「体操・朝食・お手伝い」の習慣はもうついていますね。

ペーパーは教え込まずにていねいに。置き換えの重さ比べなどはハイライトです。

過去問は巡る、と言われます。この数年間ほとんで手つかずで、5年とか10年昔に出題されたことが、また出されることがあります。他校の過去問も、もし余裕があるときがあれば、さらっと目を通しておくこともいいでしょう。

じっくりと時間をかけた絵画や制作は、この時期ならではです。夏休みの楽しい思い出は形に残しましょう。

子どもの記憶は、どんどん上書きされていくものです。あれほど何度も足を運んだ動物園や水族館も、忘れてしまうこともあります。

家じゅうの壁や天井は、わが子の作品で飾りましょう。絵日記をばらして壁に貼り出してもいいでしょう。印象づけ、思い出させることも必要な時期です。

こんなトレーニングもとても有効です。エプロンのひもを後ろ手で結ぶ。鉢巻。もちろん立ったままで靴や靴下の脱着。雑巾絞り、雑巾がけ。洗濯もの干し、取り込み。服のたたみ。風呂敷き包み。できる子はアイロンがけにチャレンジすることもおすすめです。

7月の目標と達成表

わが子の目標を書き、毎日、🌸 ○ △ ×で達成をチェックしましょう。

7月	起床・就寝	生活	運動				ペーパー							巧緻性			他
課題（分野）	早寝早起き	お手伝い	模倣体操	なわとび	ボール	指示運動	言語	常識	数	位置	図形	記憶	推理	生活分野	制作	絵画	
目標（例）	20:30・6:00	おつかい・お料理	飛行機バランス30秒	80回	80回	動きの組み合わせ	文の組立てを考えて話ができる	科学の分野	数の分解・合成・分割	観覧車の回転	鏡映図	集中して見る・聞く	置きかえの重さ比べ	はちまきを結ぶ	条件のある自由制作	経験したこと	
わが子の目標																	
1（　）																	
2（　）																	
3（　）																	
4（　）																	
5（　）																	
6（　）																	
7（　）																	
8（　）																	
9（　）																	
10（　）																	
11（　）																	
12（　）																	
13（　）																	
14（　）																	
15（　）																	
16（　）																	
17（　）																	
18（　）																	
19（　）																	
20（　）																	
21（　）																	
22（　）																	
23（　）																	
24（　）																	
25（　）																	
26（　）																	
27（　）																	
28（　）																	
29（　）																	
30（　）																	
31（　）																	

もう後戻りはできない。
全力で突き進め8月!

●エピソード8月
夏休みは受験最大の山場

　Kくんのママは、8月の第一週の晴れた日が大好きでした。街の中にも、ふっと感じる夏の匂いは子どものころを思い出させるのです。遠い夏の日、お日さまと潮風と、草の匂いをいっぱいかいで育った日を懐かしく思い出します。
　「夏っていいなぁ。夏が終わればKも6歳。5歳最後の夏ね。そして今は受験の夏。今年は特別な夏ね。いい思い出がいっぱいできるように過ごそう」と、そんなふうに思うKくんのママでした。
　実は、教室の先生から口を酸っぱくしてアドバイスがあったのです。「教室を掛け持ちして、わが子を連れまわして朝から夜までドタバタするようなことをしちゃだめですよ。休みの日を家族でどう過ごすかが大切。この夏は『目標に向けて家族が一丸となり、ブレずにがんばること』を優先させてください。そこがあっての受験です」

●エピソード8月
夏合宿は「けじめとメリハリ」のハイライト

　教室の夏合宿は強烈な成果でした。なにしろ3日ぶりに会ったわが子の顔は引き締まっていて、1歳分も成長したように見えたからです。
　家に着くまでの2時間というもの、過去1年分の量の話をKくんから聞いたような気分のママでした。
　Yくんと一緒に劇で主役をがんばったとか、アユのつかみ捕りをして塩焼きにして食べたのが塩辛かったけれどほかほか熱くておいしかったとか、打ち上げ花火が目の前で見られて爆発音が大きくてすごく楽しかったとか、お風呂で潜って泳いでGくんがタイルで転んだとか、

止まないほどの興奮ぶりで、「肝心のお勉強はどうだったの？」とたずねても、持ち帰った山のようなペーパーの感想は聞けずじまいでした。制作で作った魚を乗せる皿も、土からこねて焼いたそうです。絵も大小、鉛筆で描いたアユのデッサン、課題画などがたくさんです。

確かに親から離れての3日間で、精神面での自立は目に見えていました。

そして、室長先生のお勧めの通り、引き締まった顔でいる3日以内に、受験用写真の撮影です。

翌日、半袖のボタンシャツ。ベスト着用とシャツだけのバージョンといろいろ準備して、デパートの有名写真館に出かけたら、あらびっくり。教室のお友だちがすでに7組もいて、昨日までの合宿の続きのようでした。

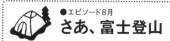
●エピソード8月
さあ、富士登山

Kくんのパパはときどき振り返り、息子の足取りを確かめていました。

「よく弱音を吐かずに続けられるな。これだけの重さの荷物を背負わせて、6歳児の限界を超えているかもしれない山登りに挑戦させているのに。いや目の前にいるのは、決して親にやらされているのではない、自分の意志で、自分の足で歩いているKだ。自分の限界を押し上げようと、懸命に歩むわが子ではないか」

Kくんのパパは先頭をKくんに譲って、息子の後ろ姿を見つめて再び歩きました。

「非凡と呼ぶほどの才能ではないかもしれない。だけど平凡ではないわが子。地球の成り立ちに深い関心と興味を持ち、謎の奥底まで掘り下げて頭から潜り込んで見てみようとする息子。その好奇心と探求心を信じてみよう。この子はきっと何者かになる。なにか自分の道を究める人物になる。父はその育ちを見守ろう。必要なら応援しよう。ただし、手を貸すのは控えよう。なにより、この子を信じよう。親がブレてどうする。この子は今、自分の足で大地を踏みしめ、一歩ずつ前

進している。山の頂に向かって。その歩みに、父である自分が歩みを重ねている。頼もしいじゃないか。よく成長してくれた。5歳と10か月。まだ生まれてから、たったこれだけの日しか生きていないのに、父が見上げるようなわが子の成長ぶりじゃないか。神さまありがとう。この子をありがとう」

　わが家にとって、Kが生まれてから6年間の積み重ねがここにある。最初は子育ての哲学と呼べるようなものがあったわけではない。たぶん小学校の受験を意識してから初めて芽生えたのだろう。

　しかしこの数か月、妻に遅れはしたけれど、自分も父親として、家族の要として、揺るぎない信念が目覚めたことを意識している。今回の登山でそのことを自らに試しているのだ、そうKくんのパパは思いました。

　妻とわが子が一生懸命なので、家庭を円満にしたいからと思って協力をし始めたパパでしたが、もはやきっかけを超えて、幼い息子の成長に、さまざまなことを教えられた父でした。

　Kくんのパパは静かに感動していました。胸の高鳴りに手を当て、心の高揚を確かめようと思ったのですが、激しく打っているのは心臓の動悸でした。「あれ、俺は果たして登頂できるのかいな？」と自信が危うくなり、今ひとつ感動に浸りきれないパパでした。

　七合目の山小屋で3人は川の字で眠り、翌朝まだ暗いうちから起きて登山を再開し、富士山頂でのご来光を拝んだのです。
　眼下にたなびく浮雲の海は、まるで天上の世界を遊泳しているような錯覚を覚えました。雲の狭間を縫って差し込む朝日に真っ赤に照らされ、三人は間違いなく人生最高の日の出を深く味わっていました。「こんな見事な朝日は、見たことがねえやなぁ」という老人の素朴な語りが背中から聞こえ、なんだか神さまからの祝福を受けているような気になったのです。

　家に帰り、いつもの日々に戻り、Kくんのママはひと心地ついて考

えました。
「Kの心は強くなったのかなぁ」
　心の強さは目に見えるわけではないけれど、本当によくがんばったと思う。Kには内に秘めた、なにか大きなものが心に残ったようだし。なんとなく自信を深めた表情をしているし、それだけでも大成功だった家族イベントではなかったか、とそう思えました。

●エピソード8月
人を育てる戦略「ほめる」

　Kくんの成績は、また少し上向きになったように思えます。
　あとは本人の意識を向上させたいところです。
「ほめて伸ばして自信をつけてあげたいけれど、あと一歩のところでほめてあげられないなぁ」という日が続くのでした。
　そんなとき室長先生が態度で示してくれたことがありました。
　慶應コースの授業が始まる直前でした。待機する教室では、レッスンを待つ子たちはもうすでに母親の元を離れ、少し早めに一列に並んで待っています。
　それなのにKときたら、ついさっきまで『せいめいのれきし』を広げて自分ワールドに没入していたものだから、支度が遅れていて、まだ体操着の着替えが済んでいない！
「先を読んで、早く行動しなさいっ」と心の中で叫びながら、そのことにKが気づくのを、Kくんのママは待ちます。
　じりじりとした時間が過ぎるころ、室長先生と目が合いました。
「あっ、またなにかご注意があるか……」と思ったころ、慶應コースの先生たちが登場です。
「お待たせしました。慶應コースに参加のお友だち、出発です。お母さまにごあいさつをしましょう」という声がかかったにもかかわらず、Kくんはまだ支度の最終段階です。
　もはやこれまで、と待つことをあきらめたママは「はい、バッグ、持って」と声をかけ、直前に広げていた図鑑や描きかけの絵を急いでママがバッグにしまい、そのバッグをKくんに渡しました。

子どもたちの列が別教室に移動したあと、室長先生からKくんのママに声がかかりました。
「Kくんのお母さんは、待てる人なのですね」
　Kくんのママは、今、待てなかったことを重々承知していました。先生だって見ていたことでしょう。でも先生は、あえてほめてくれたのです。こんな風に声をかけてくれたのは、「『もう少しですよ。がんばっていますね』という励ましの意味を含んでいるのね」と、そうKくんのママは理解しました。

●エピソード8月
素敵なカン違い大作戦

「あえてほめて『気づかせる』方法もある」とは目から鱗が落ちるような体験でした。
　これっていいかも。そこからヒントを得て実行したのが「素敵なカン違い大作戦」です。
　8月以降は本番の試験のときに「輝いて見える」ように、少しでも自信をつけてほしかったのですが、あと一歩のところでほめてあげられない。そこで「まだ完全にできてはいないけれども」というレベルのことでも、まずほめる。認める。そして自信をつけさせようとKくんのママは考えました。
　たとえば、待つ間の姿勢があと一歩だなぁと思ったら、レッスンから戻って来たときに「今日の体操は待っている時の姿勢がとても格好よかったなぁ！　指の先までピンとまっすぐに伸びていて全然動いていなかったね」（ホントはできていない）と声がけをしました。
　そんなときKくんはにやりとし、まんざらでもなさそうです。でも心の中は「やったー！　ママにほめられた！　次も指の先までピンと伸ばして、動かずにがんばろう」（カン違い）と思っているのです。
　もしかしたらKも私と同じように「あんまりできていないけれど、ママがおまけしてほめてくれている」とわかっているかも。
　でも、人は理屈で動くわけじゃなくて、気持ちで動くのだから、ま、いいか。

こんなふうにKくんのママは人としての厚みを深めていくのでした。

賢いお母さんの魔法の言葉がけ

　名古屋から東京にある私の教室に毎週に通う方は、そう珍しくありません。名古屋の方は教育熱心ですね。Sくんのママもそんな方です。

　Sくんは一人でなにかをやり遂げる、ということが好きな子でした。手こずるようなことは工夫して、何度もやり直してモノにしていく、ということができる子でした。

　でも、最初からできる子だったわけではなく、ママができる子に育てたのです。Sくんのママが、じょうずに声がけをして、励ましてくれるから、Sくんはその気になるのです。

　客観的に見るなら、Sくんが自力で達成しているのは30％ぐらいで、70％はママの「見えざる手」の導きによるものです。

　でもSくんは、「自分でやり遂げた！」と自信を持っているのですから、素敵なカン違いですね。

　お母さんの言葉がけって、魔法ですね！

　それを裏づける素敵なエピソードです。

　ママは、Sくんと一緒に契約農家でナスやサトイモ、ジャガイモなどを収穫したりしていましたが、Sくんが毎日観察できる、なにか目先の変わったことにチャレンジさせたい、と思っていました。

　そこで見つけたのが「しいたけの栽培」です。偶然ホームセンターで見つけて、「これだ！」と思ったそうです。

　さっそくママはSくんを連れ出し、ホームセンターの売り場の前を、Sくんに見つけさせようと何度も往復したのですが、思うようになりません。なにしろ偶然性は大事ですからね。

　しびれを切らしたママは「あらっ、こんなところになにかしら？」と芝居を打ったそうです。

　幸いSくんの注意を引き、「ママ、これはしいたけが栽培できる原木だって」と興味津々です。

しめしめ、と速攻で買い求め、Sくんはその日から、しいたけ栽培に熱中しました。

なんとそのことが、早実の二次試験の面接で見事に活きてくるのです。

面接の先生に、「家でなにか育てているものはありますか？」という質問をされ、Sくんはこう答えました。

「僕は家でしいたけの栽培をしています。広葉樹の原木にナイフで傷をつけて、菌糸の固まりを打ち込んで、あとはお風呂場でビニールシートを被せて、温度と湿度を管理しながら育てています」

そんなことを聞いたら、面接を担当する校長先生も身を乗り出して続きを聞いてしまいます。

「そして、先週、食べられる大きさに7本育ったので、お母さんと一緒に料理をして、しいたけとほうれん草のバター炒めを作って食べました」

聡明な目をくりくりとさせて答えるSくんは、完全に面接官たちをノックアウトしました。

だって、こういう子を落としたら、学校が損をしますでしょ？

早実初等部、もちろん合格です。

Sくんはその後の試験も、同様に彼の長所を余すところなく発揮しました。

そして慶應幼稚舎、合格です。

子どもとして輝いているから、先生の目に留まるのです。その結果として合格通知が届くのです。

▌8月のホームワーク

暑い暑い夏休みです。健康管理が一番大事。早寝早起きのタイムスケジュール管理が大切です。

体操、ペーパー、絵画制作、巧緻性などなど、すべてのおさらいをしましょう。志望校の過去問を何度も解いて、傾向に慣れましょう。

夏の講習以外は計画的に時間を使い、「この夏にやり遂げる目標」に向かい "ぶれない家族" の過ごし方をしましょう。

8月の目標と達成表

わが子の目標を書き、毎日、◎ ○ △ ×で達成をチェックしましょう。

8月	起床・就寝	生活	運動				ペーパー							巧緻性			他
課題（分野）	早寝早起き	お手伝い	模倣体操	なわとび	ボール	指示運動	言語	常識	数	位置	図形	記憶	推理	生活分野	制作	絵画	
目標（例）	20…30 6…00・	おつかい・お料理	キビキビ メリハリ	80回	100回	動きの組み合わせ	さらに話の解力記憶理	生き物・科学	数の置き換え・やりとり	移動 方眼上の位置	タングラム・折れ尺	点図形・位置	重さ比べ	細かな作業	条件のある自由・工夫	経験したこと	
わが子の目標																	
1（　）																	
2（　）																	
3（　）																	
4（　）																	
5（　）																	
6（　）																	
7（　）																	
8（　）																	
9（　）																	
10（　）																	
11（　）																	
12（　）																	
13（　）																	
14（　）																	
15（　）																	
16（　）																	
17（　）																	
18（　）																	
19（　）																	
20（　）																	
21（　）																	
22（　）																	
23（　）																	
24（　）																	
25（　）																	
26（　）																	
27（　）																	
28（　）																	
29（　）																	
30（　）																	
31（　）																	

9月

わが子の受験準備もたいへんなのに！ 母は願書の鬼になる！

● エピソード9月
初めての入試へ

「シェーッ！」と思わず悲鳴が出てしまいました。Kくんのママはびっくりしてしまったのです。

だってパパがさとえ学園の入試で、父母面接に行かないと宣言するものですから。そりゃーないだろう。

「いや、面接日に行くことはできると思う。でも、きみも知っている通り、今回僕が任されたプロジェクトの、最終稟議を通すためのプレゼンの準備にかかりきりになっている最中だから」とKくんのパパ。

「その日のその時間だけでもだめかな？」とダメ元で聞いてみました。

「面接に行く時間のことじゃなくて、いくら併願校でも、さとえ学園に合格をちゃんといただくためには入念に準備をしなくちゃいけない。6月の教室での模擬面接みたいなことに絶対したくないんだ。だけど、その準備をする余裕がない」

そう説明されれば理解もできます。

「わかった、Kと二人でがんばる。だから、骨は拾ってね」

まったく大げさだなぁ、今夜は支度はいいから、外に食べに行こうよ、という夫の提案で出かけることにしました。確かに9月に入ってから疲れを自覚していて、夕食の準備がしんどかったのです。こういう私のピンチには敏感な人だなぁ、と少しパパに感心したのです。

家族4人で炭火を囲む焼肉は、やっぱり楽しかった。

最近とみに、2歳年下のRくんの自己主張が強くなってきました。やはり母の関心が兄に向いているので、生命体として危機を感じているのでしょう。全力で母の愛を奪いにきます。

ママも余裕のあるときはKくんに用意したペーパーの余りを弟のR

97

くんに与えるのですが、これがけっこうRくんを喜ばせます。

そしてママの指示を後ろで聞くRくんが全問正解の花マルで、Kくんにケアレスミスがあったりすると、心底ぐったりするママでした。

今日もママの隣の席を奪取して、Rくんは満足げです。

「ねえR、鳴き声クイズです。ニワトリはなんといって鳴きますか？」

「コッカ・ドゥードゥルドゥー」

「あはは。お兄ちゃんが英語の勉強をお休みしているから、代わりにDVDを見てるんだものね。じゃあ犬は？」

「簡単すぎるよ、そんなの。大型犬はワーフワーフ」

「そうね、じゃあ牛は？」

「ジュージュー」

「……それは、だいぶ最期のほうね」

一方Kくんはと言うと、受験が近づいてきたことを意識する心の面は成長が感じられます。

絵画や制作も安定してきました。課題に対する取り組みも精度を増してきています。

さとえ学園での面接は「立派！」の一語でした。態度、姿勢、受け答え、話の内容、弟とどうかかわっているか、弟のお世話でなにが大変か、兄として弟と遊ぶときにどんなことが楽しいかなど、先生の質問に的確に答えていました。正直、Kくんを見直したママでした。

●エピソード9月
願書の清書と提出で大慌て

すべての会員の願書を室長先生が一人で添削するということで、提出期限は9月15日と決められていました（前著の163ページをご参照ください）。

9月には廊下に並ぶイスの列が伸びます。ママたちは悲痛な面持ちで、室長先生の添削を待っているのでした。

10月の志望校には、説明会と見学会で埼玉校にも神奈川校にも2度ずつ足を運び、参加者として名前をしっかりと記し、教室名も書き、

帰宅後は校長先生宛のお礼状もしたためています。

　説明会や見学会で校長先生から伺ったお話や、他の先生方から受けた暖かな印象、そして学校が大切にしている教育とわが家で大事と考え実践している子育てをすり合わせ、志望理由を考えました（ぜんぶ室長先生が教えてくれたことだけれど）。

　そして改めて願書に、学校へのお礼と感謝を込めた文章をつづり、心から志願していることを、誠実に熱意を持って書き上げました（先生の添削の手が4回入りましたが）。ようやく2校の願書清書が終了。

　それと並行して、銀行に各学校の受験料を振り込みに行ったり、受領証を出願用紙に貼ったり……。

　「あっ、洗足の出願用紙にさとえの振込通知書を貼っちゃった。ああ、ハガロン、ハガロン」とずっとドタバタしています。

11月の第一志望合格は、10月校の合格から

　10月校が「すべり止めとは学校に失礼」とはその通りです。でも先様はきっと、親心を理解してくださいます。

　好きな小学校とこちらが思い、気持ちを高めて受験するのであれば、一向に失礼とはなりませんよ。

　「合格しても、実際には通えない」

　その通りですね。ですから、目的が違うのです。合格することが目的です。「受験料がもったいない」という気持ちはわかります。受験料はその学校の生徒さんの図書費として役に立ちます。図書館に蔵書を寄贈したと考えれば気持ちが良いではありませんか。

　「福は分けると倍になる。与える人はさらに富む」の精神です。

日程が重なったら、どの学校を受けるか?

　とにかく日程、時程が重なるのです。特に面接日が。10校に願書を出して、戻ってきたら6校しか受けられない、といったのが平均です。

　どの学校を受けて、どの学校をあえて受けないか。この判断は最も

難しいものです。

　私たち教師陣もよく聞かれます。親身に真摯にお答えしていますが、こればかりは、最終判断はお母さんとお父さんでしたほうがいいです。

　そのときのポイントは「受けなければ、あとあと後悔する学校は必ず受けること」です。

　ただし、第一志望校の決定と同じぐらい重要なのは併願校の決定です。併願校とは「合格の可能性が高い」と教室の先生から客観評価をいただいている学校のこと。外さずに受けてください。

　夫婦で第一志望が異なる場合、お母さんとお父さんの夢をひとつずつかなえると、次に志望順位が高い学校は3校目の学校です。

　その学校は、先生の判断によると合格の可能性はどれぐらい高いですか？　確実に合格が見込めるのでなければ、3校目の試験が終わってもまだまだ安心はできませんよね？

　「適性が高いので受けてください」と先生から念を押された併願校（合格確実校）があったらぜひ、受験することをおすすめします。

合格をいただくと、お母さんの自我が格段に安定する

　埼玉・千葉・神奈川には素晴らしい学校がたくさんありますね。実際に見て聞いてみると、都心に在住の方は、近ければ進学したいな、と思う学校がいくつもあります。

　特に洗足学園や精華、森村学園は最難関です。さとえ学園もそれに迫っています。

　洗足は都心からも実際に通学する子が増えています。暁星が第一志望だけれど、ダメだったときに中学受験で中高一貫校を狙う、という家庭方針の家庭に選ばれています。

　説明会に出かけ、その後も何度も学校に足を運び、そのたびに名前を記入し、面接のときは「何度もお越しいただきありがとうございます」とまで校長先生に言っていただき、入試当日、緊張して待ちなが

ら、わが子も全力を出し切っていい笑顔で試験場から戻って来て、それでいて今日、合格通知が書留で恭しく届けられた！

それはうれしい合格ですよ。「今までの子育てが報われた！」とお母さんが安堵する瞬間です。決して、すべり止めの学校に受かった、なんてものではないです。

お母さんがまず安心できること。これが10月校の受験でもっとも大切なことです。

逆に10月の後半、あとは11月1日の本番を迎えるだけだというときに、なんとなく周りのお母さんが一区切りをつけた様子であるなかで、我が家だけはどこも受けていないし、どこからも合格通知をいただいていない、というのは不安な状況だと思いませんか？

わが子は受験するたびに成長する

本番の入試を経験して、わが子は試験のなんたるかを体で知るのです。今まで何度も受けてきた模擬テスト、時には何百人と集まるテストに参加したことがあったとしても、たった1回の本番の入試に勝るリアリティはないのです。

「これが本当の試験なんだ」と必ずわが子は理解するはずです。

そして、エンジンがかかるのが遅い子にとって、10月校の受験経験は一回一回がとても大切な試金石となります。

私の教室での経験でも、子どもたちが本番の態勢になるまでに、最低2校、平均3校かかります。

それがわかるのが、「今日の試験はなにが出た？」という質問です。1校目の試験の時は、よく内容を覚えていない子どもがほとんどです。

ところが2校目で急に記憶が正確になってきて、3校目にはほぼ完ぺきに出題内容からなにまでを記憶している状態になってきます。

「あまり何校も受験すると、かえって適度な緊張が保てず、本人の気持ちがたるんでしまうのではないですか？」という相談も受けます。実際にそういうこともあるでしょう。それはお子さんの個性によります。

また、「合格したことをわが子に知らせるかどうか？」も正解が一つではなく、子どもによって答えが違います。
　自己評価があまり高くなく自信がもてない子の場合、一つの合格と、お母さんがとても喜んでくれたことで自信を身につけ、第一志望校の合格まで一挙に突き進んだ例もあります。
　逆に、合格を知らせた結果、あまりのうれしさと緊張感の途切れから、その後の受験の調子を崩した例もあります。

最大のメリットは「わが子がどういう子かがわかる」ということ

　「わが子は緊張して本番で力を出せない子だと思っていました。ところが、面接でも実に堂々と受け答えができ、見直しました」というお母さんの声もあります。
　お母さんは、ぎりぎりの精神状態になったときのお子さんを、果たしてどのぐらい正確に把握しているでしょうか？
　学校へ行き、教室で待機し、試験場へ送り出す、その最後の最後の仕上げの際に、わが子をどう送り出せばいいか？　どのように声をかければわが子が最高のパフォーマンスを発揮するのか？　わかっていますか？
　それがこの10月校で把握できるのです。
　「あんなに活発で元気なわが子なのに、試験のときは極度の緊張で顔がこわばる子であったとは……」ということも起こり得るのです。
　両手を握って「だいじょうぶよ、楽しんでいらっしゃい」と送り出してやると、いつもの元気なわが子になれるのか？
　「もう後がないのよ！」と追い込むと、わが子は眠っていた力を爆発的に出すのか？
　そのデータがとれるのです。
　大事だなぁ、10月校。
　合格を知らせた方が調子の出せる子なら、合格通知が届いたときに、思い切りお母さんは喜んだ表情を見せてあげてください。
　それを見てわが子は安堵するのです。「よかった、お母さんがよろこ

んでくれた」と。
　わが子って、なんて健気なんでしょう。しっかり抱きしめてあげてね。お母さんのためにがんばったのですから。

　10月校の受験で、持ち物のチェックもできます。
　11月校を受験するときに1日に最高で3校受ける人もいます（雙葉・聖心・早実を1日で受け、すべて合格した子が、うちの教室の記録保持者です）。移動の際に軽食をすませることもあります。なにを準備すればわが子の気分が乗るのか、いろいろなデータが取れます。

願書は予備用に2部用意

　9月といえば願書の清書です。願書の添削のため、私と父母との間で毎年、願書が200回以上往復します。そこまでやらないと人助けになりませんので。すべての家庭に合格していただくために、私が一人ですべて添削します。
　わが家で大切にしている子育てや教育の哲学と、学校の方針や校訓とを点と点でつなぎ、エピソードを添えて立体的な形にしていくのです（前著の166ページをご参照ください）。

　ある年のこと。お母さんは老舗の大店の若奥様でした。わが子の教育に熱心な方ですが、お父さんが来会することはありませんでした。
　その朝、お母さんは和服姿で髪をまとめ、それはとても落ち着いた居姿でした。
「今日は、宝仙学園の願書提出日でした」
「ああ、それは朝早くから並ばれて、ごくろうさまでしたね」とお母さんの労をねぎらったのですが。
「いえ、提出したのはつい先ほどになってしまいました」
　時計を見ると、昼少し前です。
「理事長先生もよくご存じのとおり、主人はまったく息子の小学校受験に理解を示さず、面接の練習にも来ず、それでも保護者として、父

親として、最低限の責任を果たしてもらいたいし、受験生の父親である自覚を持ってほしいと願い、保護者欄の捺印だけはお願いしたのです」

　なんとなく、ただ事では済まない話に、どうやら私は同席してしまったようです。

「願書もすべて私が書き上げました。理事長先生に助けていただきながら、何度も何度も下書きをし、えんぴつで薄く下書きまでして、黒インクで清書をしました。我ながらなかなかの出来栄えだったと思います。そして主人に捺印を頼んだのです」

　どうなるのだろう……。

「帰宅してすぐに声をかけたところ不機嫌な様子だったので、風呂上りまで待ちました。そして主人が食卓に乗せた願書に捺印をする最後の瞬間……」

「最後の瞬間？」

「ずるっとハンコが滑り、願書には無様に、朱い汚れが走ってしまったのです」

「うわぁ、それは気の毒に」

　それ以外に言葉がありません。

「私の準備が悪かったのですが、まさかそんなことになるとは夢にも思わなかったので、書き損じたとき用の願書を予備で買っておきはしませんでした」

　もちろん私は無言です。目のやり場にも困ります。

「昨夜遅く、すべての準備は完了する予定でした。それなのに……そんな汚れた願書を提出するわけにはいきません。そして朝、学校に新しく願書を買い直しに行きました。向こうから、朝一に並び願書の提出を済ませたお母さまたちとすれ違いました」

　若女将の整えた髪は乱れ、だらりと垂れた前髪のひとすじの隙間から、冷気をたたえた目がのぞき、その目で見つめられると血も凍る思いがします。

「それなのに、私はこれから願書を買い直しに行くのだ、そう思うとあまりに悔しく、あまりに情けなく。こうなったのもすべて主人のせ

いだ。そう思ったとき……」

　私は息をのみました。そして若女将は、妖気のまなざしで私を捉えて言いました。

「主人を、本気で殺そうと思いました」

　私の脇と背中から、冷たい汗がどっと吹き出しました。

　ミーティングルームは瞬時に凍りつき、その直後です。

　ゴワーッというけたたましい音が鳴り、見ると傍らの空気清浄機のランプが真っ赤に点灯し、全開に作動しています。

　私は、センサーが反応した事実をもって、怨霊には質量があることを立証いたします。とか言っている場合じゃないですね。

▌9月のホームワーク

　絵画制作の試験で重要なのは、もちろん時間内で仕上げるということですが、ここで問題なのは、どの学校でも試験の時、子どもに制限時間は告げられないということです。

　つまり、何分で仕上げるのかがわからないのです。

　先生から課題や指示が与えられて、「はじめ」の合図ですぐに作業にかかり、手早く仕上げることが、入試の現場で必要です。その場でなにを作ろうかなんて考えているひまはありません。

　そのために、描いたり作ったりするための、「自分ができるレパートリー」を用意しておくことが大事になってきます。

　面接練習も大事です。

　毎日5分、イスに座り、姿勢を正し、目はまっすぐ先生のほうを向き、質問に答える練習をしましょう。

　親が理想的な答えを教え込む、というのはなんとなくわざとらしい感じがするものです。わが子なりの答えができるような準備が理想的ですね。

9月の目標と達成表

わが子の目標を書き、毎日、🌸 ○ △ ×で達成をチェックしましょう。

9月	起床・就寝	生活	運動				ペーパー							巧緻性			他
課題（分野）	早寝早起き	お手伝い	模倣体操	なわとび	ボール	指示運動	言語	常識	数	位置	図形	記憶	推理	生活分野	制作	絵画	
目標（例）	20…30 6…00	トイレ掃除 アイロン掛け	一つひとつ集中して	100回	100回	動きの組み合わせ	お話し作り・面接練習	道徳的判断	文章題	回転位置移動	構成・対象・重なり	集中して見る・聞く	絵の順序	丁寧に・スピーディーに	条件のある自由・工夫	考えて描く課題	
わが子の目標																	
1（　）																	
2（　）																	
3（　）																	
4（　）																	
5（　）																	
6（　）																	
7（　）																	
8（　）																	
9（　）																	
10（　）																	
11（　）																	
12（　）																	
13（　）																	
14（　）																	
15（　）																	
16（　）																	
17（　）																	
18（　）																	
19（　）																	
20（　）																	
21（　）																	
22（　）																	
23（　）																	
24（　）																	
25（　）																	
26（　）																	
27（　）																	
28（　）																	
29（　）																	
30（　）																	

親として覚悟を決める!

●エピソード10月
最初に受けた受験の結果は?

　9月30日の深夜までに（というよりモーニングコーヒーの時間までかかった）出願に必要な書類もすべて書き上げ、10月1日の朝、郵便局で何校もの出願を済ませると、Kくんのママはようやく、少しだけ落ち着きました。
　教室に出かけてもママたちはみなほっと安堵の様子で、目が合うと自然に口元がほころびます。
「昨日は深夜0時に港郵便局本局に、お受験ママが大集合よ」とIちゃんのママが笑いながら、ほとほと疲れたといった表情で話しかけてきました。……Kくんのママは意味がわかりません。
　1日に複数の小学校を受験できるように、片方の出願をうんと早くして受験番号を早め、もう片方をぎりぎりまで遅く出願し、午前と午後に振り分けて受験できるようにするテクニックとのこと。
　早い受験番号を取るために午前0時の本局がごった返すのだと知り、今さらながら、小学校受験の奥深さに驚くママでした。

　そんな中、さとえ学園からの書留が届きました。不吉な予感に高鳴る胸が抑えられません。
　封を開けると、そこに見たのは「不合格」の文字でした。
　わかってはいたことでしたが、落ち込みました。まだKが幼稚園から帰ってくる前で、よかった……。
　Kくんがさとえ学園からご縁をいただけなさそうなことをママは予想していました。
　なぜなら試験の終了直後、Kくんがものすごく不本意な表情で試験

場から帰ってきたからです。

「隣にいた子が順番を抜かそうとするんだ。だから僕は『順番を守らないとだめだよ』って言ったんだよ。それなのにそいつは守らないし、教室に行ってもさわぐし、手を出してくるし」

どきっとしました。

「そいつじゃありません。それで、その子と、けんかになっちゃった？」

「けんかじゃないよ。でも向こうが手を出したから、こっちだって手は出たよ。だけど、防戦だからね」とＫくんは鼻をふくらませて言いました。

「それで、先生に見つかった？　叱られた？」と恐る恐る聞くと、「まあ、叱られたと言えば叱られたね。でも僕は悪くありませんと言っておいたよ」

やってしまったか……とＫくんのママは思いました。入試のときによくある光景だそうです。

家庭生活を充実させて、きちんとした子育てをしてきた受験生が集まる受験会場に、そう言っては失礼ですが、まるで記念受験かのように意識の低い子育てをしてきた"結果"を持ち込む親がいる。

そうは言っても、大事な10月校で合格をいただけなかったことは大変なショックでした。計算違いと言っては学校に失礼ですが、落としてはいけないと考えていた星を落とした失望は深かったです。

10月校は他に、神奈川の洗足学園を受験するつもりで出願はしていますが、Ｋくんのペーパーの調子が上がらず、精度がイマイチという現状では不安です。

それに洗足は、暁星の合否を占う試金石になると言われています。

暁星に希望を託すわが家にとって、「その前哨戦の洗足学園で、万一星を落とし、自信を喪失した状態で暁星の試験を迎えるのは危険だ」というのは先生のアドバイスです。

洗足の受験を見合わせるとなると、もう10月に合格通知をいただける可能性がゼロになってしまいます。

10月　親として覚悟を決める！

　そう気づいて初めて、ママは心の底から恐怖がこみ上げてきました。
「不安だよー。どーにかしてくれー」と声に出してみました。
　翌日、先生に相談するとさっそく、西武学園文理小の二次募集があることを教えてくれました。大急ぎで願書を取り寄せ、文理を受験することも考えてはいたので、願書下書きノートから志望理由を写し取り、出願し、面接を受け、受験し、合格をいただきました。
　よかった、ほっ。
　ただし、現時点では結果を本人に伝えることは控えました。
「どういう形であっても浮つかせないことがKには大事」と、そうママはKくんの性質を把握していたからです。

●エピソード10月
来週からついに11月

　もうバタバタです。10月だというのに、最後の最後まであわてふためく状況です。
　10月に入って意識したのは、試験中に試験官から質問された時の受け答えをしっかり準備することでした。
　制作や絵画の作業中にママがKくんに話しかけて、作業中でも、きちんと受け答えができるように準備するのは、もちろん慶應対策です。
　来週から11月の本番が始まります。迷っていましたが、結論を出しました。Kくんのママは、実家に弟のRくんを1週間預けることにしました。
「ごめんねR。ちょっと待っててね、今はお兄ちゃんが大事な時だから。Rのときは、ママはRにつきっきりでがんばるからね」
　その結果、Kくんは久々にママを独り占めできることになりました。
　ママと一対一で向き合うことができ、お夕食の支度を一緒にしたり、ママの肩もみをしてみたり、ゆっくりお風呂に浸かってみたり、久しぶりに絵本の読み聞かせを5冊もしてあげたり、おやすみのチュをし合ったり、すごく親密で落ち着いた時間が過ごせたのです。
　さあ明日から11月。笑っても泣いてもこれが本番の11月。「絶対に泣かないぞ」と心に決めて電気を消したママでした。

10月

109

10月は、残り直線100メートルの勝負

　10月からの1か月は、新しいことを学ぶ時期ではなく、今まで学んできたことを整理して、自分の力にする時期です。
　そしてお子さんに「自分で解決していけるんだ」という自信を持たせてあげることが大切です。
　お母さんは、1日に何回、わが子に積極的でプラスのほめ言葉をかけていますか？　お母さんはシールを貼ってわが身をチェックしましょう。花マルがあげられるかな？
〈自分で気がついて行動できるなんて、成長したね〉1ポイント。
〈お姉さんになりましたね。もうどこの小学校に行っても、りっぱにやっていけますよ〉2ポイント。
〈○○ちゃんのそういうところが立派よ。あなたがお母さんの子どもで、お母さんは本当に幸せだわ〉3ポイント。
〈お母さん、○○くんのそういうところが大好きよ〉3ポイント。
〈できないときに、どうしたらできるようになるかなってがんばるその心が素晴らしいのよ〉5ポイント、なんてね。
　そうです。それができるようになったのが、この1年の宝であり、入試本番も自分で力を発揮する原動力であり、合格後もまだまだ伸びる推進力でもあるのです。
　お父さんとお母さんは、特にこの1か月、にこやかな表情と温かい雰囲気を心がけてください（難しい時もあるけれど、がんばって）。

10月に、必ずやっておかないといけないことは

①朝学習

　本番そっくりに練習します。過去問（あまり難問過ぎないもの）や、ところどころに基本問題も入れて、時間制限をして、ペーパーを7枚から10枚程度を集中して一気に解きます。
　入試問題の8割は基本問題です。基本問題を確実に対応できること

も大切です。

「指示は1度だけで聞き取り、自分の力だけで解く」という点が本番そっくりの練習です。合否の差は、1度の指示を正確に聞き取れるかどうか、つまり最後は「聞く力」にかかってきます。

また「時間が余ったら見直しも大切だ」と自覚させるトレーニングも必要です。

②夕方・夜学習

明るいうちになわとび、ボールつき、指示行動など、体を動かすような分野のものをお勧めします。

そのほかに、個別試験での分野、絵画や製作の分野、お手伝い各種や風呂敷包みなどの生活巧緻性にも取り組みましょう。

ペーパーは難問対策・複合問題対策もしましょう。ペーパーばかり2時間も続けていくと、興味や集中力の持続ができなくなり、つまらないミスがどうしてもでます。それを叱ると、親子とも悪循環となりますから、生活巧緻性、絵画・制作などを、わが子の集中力の持続に合わせてバランスよく組み合わせてみましょう。

自信と実力を高めることが目標ですから、自信をなくしてしまうやり方はしないように気をつけましょう。

③個別対策

具体物を使うほか、ペーパーをしたあとその考えの根拠を説明させるなどをしましょう。

④生活対策

いつも通り幼稚園に行き、子どもらしく遊び、勉強もしましょう。メリハリのある生活が実力を発揮する基盤となります。

⑤面接対策

毎日5分間、面接練習をするようにしましょう。

> **解説**
> ## 受験当日はなにに気をつければよいか

①時間

・場所と移動方法は何度も確認し、必ず15分前に到着しましょう。

・受付時刻、集合時刻、試験開始時刻、終了予定時刻の再チェック。

・受験校や併願校との移動時間を平日の同時間にシミュレート。

・学校の最寄りのファミリーレストランを事前にチェックしておけば、早く着いても落ち着いて過ごせますね。

②交通機関

・公共の交通機関を使うことが鉄則です。なにかあったとき、電車などでは遅延証明をいただくと認めてもらえる可能性が高いです。万が一、遅れてしまったとしても、諦めず学校に行き、お願いしてみて下さい。ただし「他の学校の試験が遅くなったので遅れました」とか言ってはダメですよ。あくまで、交通遅延かわが子の腹痛などが理由です。

③持ち物（チェックボックスに印をつけて確認しましょう）

□・受験票や関連資料（アンケートの提出がある場合は忘れずに）。

□・ハンカチとティッシュ。

□・上履き（親子ともども）と下足袋。

□・学校で指定された持ち物（体操服、お弁当など）。

□・着替え（靴下や雨具、寒暖に対応できるような衣服はもちろん、緊張してもどしてしまう子もいますので準備が必要です）。

□・軽食や飲み物。

□・子どものための待ち時間対策（折り紙、あやとり、本、お絵かきグッズなど）。

□・親のための待ち時間対策（待ち時間はかなり長いので、読書をしたり、女子校では刺繍をするお母さんも多いです。おしゃべりをして過ごす雰囲気ではありません）。

□・安全ピンやソーイングセット（アクシデントに備えて）。

□・すべての持ち物に記名してください（すぐ目に付かない場所に）。

□・縁起を担いだ小物もいいですね。お守り、おまじないなどで、わが子に「できる」と暗示をかけることが、本番で意外な力を発揮することがあります。

④当日の朝食

・面接でよく聞かれます。食育に留意していることが伝わるように。

⑤当日の言葉かけ
　・わが子の気持ちが上がる言葉。わが子の気持ちが落ち着く言葉。親でなければ探し当てられなかったその言葉をかけて、送り出してください。

「まさか……」の一番大切な忘れ物

　以前、入試面接の日に、お父さんとお母さんが万全の準備で学校を訪れたことがありました。
　わが子を忘れて……。
　その学校の面接は、父母面接ではなく、父母と子の面接だったのです。
　お父さんはすべてをお母さんに任せきりで、お父さん自身が受験要項に目を通していませんでした。
　そんなことを今言っても仕方がありません。
　お母さんは携帯電話で同居のお祖父さんに頼みました。
　すぐに保育園に迎えに行って、孫を連れて来てというミッションです。お祖父さんは、受験をする埼玉の小学校の場所はもちろん、保育園の場所も知りません。
　さらにお祖父さんは、運転免許の更新こそしましたが、3年前の運転を最後に、ハンドルを握ることはやめにしていたのです。
　死ぬ気で、お祖父さんは車を運転しました。血圧の数値は高速道路を走る速度を超えています。
　やっとの思いで学校に到着しました。それこそ本当に寿命が縮まったお祖父さんでした。
　ミッションを果たし、誇らしげに傍らの孫をお母さんに引き渡したお祖父さんでしたが、わが子を見たお母さんは、もう一度血の気が引いてしまうのでした。
　そこにいたのは、保育園で遊んでいたままの、ランニング姿のわが子だったのです。

10月の目標と達成表

わが子の目標を書き、毎日、🏵 ○ △ ×で達成をチェックしましょう。

10月	起床・就寝	生活	運動				ペーパー							巧緻性			他
課題（分野）	早寝早起き	お手伝い	模倣体操	なわとび	ボール	指示運動	言語	常識	数	位置	図形	記憶	推理	生活分野	制作	絵画	
目標（例）	6:00・20:30	トイレ掃除・アイロン掛け	光る動き作り	100回	100回	動きの組み合わせ	面接練習	総復習	総復習	総復習	総復習	集中して見る・聞く	総復習	丁寧に・スピーディーに	条件のある自由・工夫	考えて描く課題	
わが子の目標																	
1（ ）																	
2（ ）																	
3（ ）																	
4（ ）																	
5（ ）																	
6（ ）																	
7（ ）																	
8（ ）																	
9（ ）																	
10（ ）																	
11（ ）																	
12（ ）																	
13（ ）																	
14（ ）																	
15（ ）																	
16（ ）																	
17（ ）																	
18（ ）																	
19（ ）																	
20（ ）																	
21（ ）																	
22（ ）																	
23（ ）																	
24（ ）																	
25（ ）																	
26（ ）																	
27（ ）																	
28（ ）																	
29（ ）																	
30（ ）																	
31（ ）																	

11月
最後はメンタル！泣くより笑おう！ THE本番！

> ●エピソード11月
> **受験本番スタート。怒涛の連日**

　昨夜はなんだかよくわからない夜でした。よく眠れたのか眠れなかったのか、浅い夢ばかりみていたような気がします。
　1日は成蹊小学校です。午後に国立学園小学校も受験しました。
　2日は暁星小学校。実力で合格を勝ち取ることができる可能性の高い学校、ということで成蹊と暁星の両校が実質的な本命校、国立学園が確実に合格したい学校です。

　教室では1日の初日から、慶應幼稚舎と早実の試験を受けてきた子たちが試験を終えた足で教室に立ち寄ります。
　一息つくと、当日実施された試験内容の聞き取りが行われます。
　試験ではうまくできた子も、できなかった子もいるので、出題された内容を先生が聞き取って、子どもの頭の中を整理してくれます。それを踏まえて翌日以降に試験を受ける子のために速報講座が行われます。
　Kくんはこの時点で、飛行機バランスがピタリと決まるようになってきました。
　意識がどんどん変わってきたのが表情からも読み取れます。
　先週までとどう違うのか、やはり子どもは本番の入試で自覚し、心に魂が入るということでしょうか。
　確かなKくんの成長ぶりをママは感じていました。

　国立学園の合格発表は2日の夜9時。ネット発表です。
　Kくんの受験番号発見。

「やった！　うれしい！　合格！」

　さっそくママは、まだ仕事中のパパにメールをします。教室にも速攻で電話です。先生たちからの祝福の言葉で、ママは少しだけ舞い上がりました。

　そして3日の午前は再度、成蹊の試験です。

　成蹊の2日目の試験は行動観察と両親の面接でした。

　朝、受験をする子どもたちが集合したとき、今日、試験でこれから運命をともにする10人のグループは、みな成蹊小学校への受験準備を整えてきた家庭だとうかがわせる雰囲気を持っていました。

　よかった。記念受験のような荒れた子がいなくて。なにしろ成蹊はグループの和を重んじるので、一人でも困った子がいてグループがまとまらないと、全員が一緒に落とされることがあるからです。

　グループのメンバーは当然、無作為に選ばれていますから、「その偶然と運は国立小学校の抽選並みとも言われています」と先生からの注意がありました。

　試験後急いで九段に駆けつけ、そこで見たのは、厳しい現実でした。

　暁星小学校一次試験不合格。暁星敗退です。

　落ち込みました。どうやって駅までたどり着いたのか記憶がないほど、落ち込みました。練習を重ねた二次試験の面接も受けられません。

　でも、そんな状況でもちょっと自分が好きでいられるところは、切り替えの早いところです。

　飯田橋の隣りは水道橋。遊園地があるではないですか！

　幼稚園帰りのKくんをピックアップすると、ママは水道橋へ直行しました。そして絶叫マシンを次々にはしごし、思いっきり二人で声を出しました。

「Gyawooooh……！！！　Ahhhhh！」

　そして翌日の4日は幼稚園に行き、お友だちと遊び、汗だくになり戻ってきたKくんは確実にリフレッシュしていました。

これで後半戦の受験に突入していけそうです。

●エピソード11月
早くも後半戦に突入!　メンタルが大事!

　この時点で、前半戦の試験結果をKくんに伝えました。パパとママが正座して並び、向かいにKくんが居ずまいを正します。

　そしてまず、西武学園文理小の合格通知を渡し、おめでとうと抱きしめ、頭をくしゃくしゃになでて祝福しました。それはそれは、うれしそうなKくんの笑顔です。

　次に暁星が残念だったこと。でも、国立学園からはしっかり合格をいただけたこと、これからの後半戦は気持ちが大事なこと、気持ちで乗り切ること、を親子して確認し合った夜でした。

　後半戦初日、早稲田実業学校初等部の一次試験です。

　国分寺の商店街を学校に向かって歩きながら、ふとKくんのママは足元を照らす朝日の中に、あったかな希望を感じました。

　そういえばと思い、Kくんの横顔を見ました。

「K、富士山の上で見た朝日、きれいだったね」

「うん?」

「今日までがんばれてうれしいよ、ママ。Kと一緒に、すごく充実した1年だもの」

「うん」

「ママはね。ありのままのKでじゅうぶん。そのままでKが大好き」

「暁星に落ちてがっかりさせちゃったけど?」

　やっぱり自覚していたか、絶対に気にさせないようにしたつもりだったんだけどなぁ……。

　ママはKくんの肩を抱き寄せようとしました。でも、ここ最近のKくんは、人前ではそれを拒否するようになってきました。成長して、羞恥心が芽生えているのでしょうね。

「ママはね。どっちかというと運動神経はよくなかったかな。だからKは運動が得意で、走るのが速くて、幼稚園のリレーの選手で、それ

だけでママ、とっても K が自慢なの。わかる？　わかってた？」

　K くんはこくりとうなずきました。

　そしてママと目を合わせると、ママの瞳に映る K くんは、明らかに 1 年前の K くんではなく、ママが今日のこの日を迎えられるとは、想像ができなかったほどに成長した力強いまなざしをしていました。

「K、すごいよ。目力が！」

「うん」

「行っておいで。その目力で集中できれば、きっとだいじょうぶだから」

「うん」

　そう言って、ママが見送ったのは、身長が 5 センチも伸びたかな、と思うほど立ち姿がすっきりとした K くんの後ろ姿でした。

　ママの頭の中では、マーラーの「シンフォニー5 番」の「第 4 楽章アダージェット」が静かに流れていました。

　そして、成蹊合格。

　やった。報われた。実力でがんばって到達できる最高峰。登頂！　合格！　バンザイ！　やったー！

　なんてすがすがしい気持ちだろう！

　やっぱり K の元気さが成蹊に合っていたのね。暁星でやり抜く厳しさは、まだ K には備わっていなかった、というより適性の問題ね。そう納得するママでした。

　翌日。慶應幼稚舎試験。

　朝からずっと、K くんのママの頭蓋骨内は、ワーグナーの「ワルキューレの騎行」がフルボリュームで鳴り響いています。

　そして、正門に貼られた陶板の校名をしっかりと目に留めました。

　入試でこの正門をくぐるのは最初で最後。

　足を止めて、K くんと二人そろって守衛さんにあいさつをしました。

　指示通りの教室に入り、ゼッケンをつけ待機します。なにも記憶にとどまるような感覚がなく、ただ時間が過ぎていきました。

そして、試験開始で見送った記憶もおぼろげなKくんが、試験を終えて戻って来ました。

合否の発表は約1週間後です。でもKくんの不完全燃焼の表情を見て、「終わった」とママは観念しました。

翌日。

早実初等部、一次試験合格発表、国分寺。

Kの受験番号「122」発見。合格。

その日の夕方、教室では一次試験に合格した子どもと父母を集めて、二次面接試験対策のために面接特訓が行われました。

だれが合格したとも、もちろん知らずに集まった父母が初めてそこで顔を合わせ、「少なくとも一次は合格できた」とにわかの喜びを分かち合い、次の瞬間から衆人環視の中、赤面大発汗の面接特訓に突入したのでした。

指導にあたる室長先生はじめ、居並ぶベテランの先生たちは「この期に及べば、面接で不合格者は一人も出さない」という決意でまなじりを決し、その迫力は十二分に父母に伝わってきます。

もちろんそこには、会社から急きょ呼び出されたKくんのパパも顔を並べ、ぬぐってもぬぐっても浮き出るあぶら汗と格闘していました。

そして、翌日、早実二次試験面接。

全力で早実LOVEが伝えられました。ラグビー観戦での応援の話で校長先生と盛り上がり、Kくんのパパにとっては、もうこれ以上は出しようがないほど誠意と熱意を出し尽くした後のノーサイドでした。

そうして二次試験の面接が終了し、4日後。

早実初等部の二次試験合格発表の朝。

抜けるように青い国分寺の空を、Kくんのママは見上げて歩きました。

合格を告げる掲示板に書いてある数字の黒い文字が、真っ白に飛ぶような感覚でした。

Kくんの受験番号は、そこになかったのです。

まだ、そのショックに本格的に襲われる前に、まだ自力で立っていられる間に、Kくんのママは用意していた携帯電話の画面にパスワードと数字を入力しました。引き続き、慶應義塾横浜初等部の合否を知るためです。

『合格です』という文字がポンと画面から浮き出てきました。

　うーーーん、慶應横浜は一次合格で右脳は喜んで、早実は不合格で左脳は泣いてる？

　そのとき携帯電話が鳴りました。

「やった、やった、ありがとう！　おめでとう」

　パパの声です。慶應横浜の一次試験合格は、パパも同時にパソコンで見たのでしょう。

「よかった。本当によかった」

「パパ？」

「うん？」

「でも、早稲田、ダメだった」

　すると間髪を入れずに声が返ってきました。

「そうか。ごくろうさまだったね。ありがとう。だいじょうぶだよ、まだ国分寺？」

　その声を聞いて、なんだか癒された気がしました。そして気も緩んで、涙が少しこみあげました。

「うん。そうだね。だいじょうぶ、こっちは。これから帰るから、待ってるね。横浜、がんばろうね、二次試験も。Kを迎えに行って、こっそり伝えて、喜びを分かち合ってるからね、一足お先に」

　そう言ってKくんのママは幼稚園に向かい、「合格」と知り大喜びでママに抱きついたKくんを、そのままぶら下げながら帰宅したのでした。

　翌日は筑波の一次抽選でした。心が折れるほどの、受験生の親の大集団です。抽選で半分に減っても、二次の考査は約10倍の倍率です。その後さらに1.6倍の三次抽選を通らないと筑波小に入学ができないのです。この大集団の中で、入学を許されるのは男女ともに64名。この

120

時点で本当に親の心が折れそうです。

　ところが一次の抽選に、なんと通ってしまいました。

　学芸大附属竹早の抽選は10月半ばにすでに通っています。国立の考査を2校も受けられる！　すごい通過率です。教室に伝わる「伝説のおまじない」のおかげか？

　そして、運命の明暗をきっと分ける、慶應義塾幼稚舎の合否発表です。横浜初等部と同じように、サイトからの確認です。

　Kくんのママは、心臓が送り出す血流の渦に巻き込まれそうになりながら、息をのみ、パソコンにパスワードと受験番号を入力し、Enterキーをふるえる指先で押しました。

●エピソード11月
わが家は大団円をどう迎える？

「ママ、だいじょうぶ？　なんか変だよ」とKくんとパパに気遣われながら丸1日が過ぎ、ようやく正気に戻ったママでした。

　昨日からちゃんと家事もやっていました。昨夜はKくんの大好きなすきやきで鍋を囲みました。記憶をたどれば、けっこう笑ったこともうっすら覚えています。でも実感がありません。

　パパは少なからず心配をしていました。そんなママを見たことがなかったのです。うれしいときはうれしい。悲しいときは悲しい。そういう感情を自分で抑えようとしていても伝わるのがKくんのママだったのですが。

　ところが、昨夜帰宅してからのママは明らかにおかしかった。

　パパは、Kのがんばりが幼稚舎に届かなかったことを受け止め、ママと一緒に悲しみを分かち合おう、と思っていたのですが。

　あれほどがんばったのに、幼稚舎が不合格で悲しくないはずがない。なのにママは妙なナチュラルハイで、それは息子の前で悲しい様子を見せまいと努めている姿なのか？

「ママ、ぶっ壊れちゃったかな？」とKくんと顔を見合わせるパパでした。

11月

あとからKくんのママは不思議な体験を振り返りました。

　たぶん、今までの人生で経験したことのない感覚、深刻な悲しみ？

　絶望？　言葉にならない感情が押し寄せてきて、それを受け入れることを脳が拒否したのかもしれない。外からの刺激を一時的に遮断して、精神がクラッシュするのを防いだのかも。

　不合格を受け取った瞬間のことはすっかり忘れたけれど、ママにトラウマは残り、歩いていていきなり転ぶことが二度ありました。

　ちょうどいいタイミングで週末になったので、久々に家族4人そろって高尾山に出かけました。といっても登山ではなく、浅川の渓流沿いに歩き、やまめ釣りをして、パパが小石を積んで急ごしらえしたかまどで焼いて食べたのです。

　こんなときはパパの独壇場です。そしてKくんも手慣れた助手ぶりを発揮して、二人は息の合った釣り仲間のようでした。

　細く斜めに射す西日に真っ赤に照らされ、ママの顔にようやく健康な血の気が戻ってきました。

　実は、これがパパの作戦だったのですね。

　月曜の朝、静寂を破り、リビングで鳴り出した電話に出て、ママは電話を落としそうになるほど驚きました。それは、早実初等部の校長先生からでした。

　そしてなんとそれは、Kくんの繰り上がり合格を伝える電話だったのです。

　Kくん、早稲田実業学校初等部、合格！（補欠の繰り上がりだけど、合格！）

　そして翌日迎えた慶應横浜の二次試験。

　もうなにも恐れることはない。思い切って、楽しんで、全開でKのいいところを先生に見せておいで、そう言って送り出したママでした。

　Kくんは体育館に入ると、全力の目力で先生の指示に見入り、ピンッと立てた耳で先生の指示を聴き取り、合図とともに飛び出しました。

　サーキットを全速力でコーンまで駆け抜け、コーンを回って平均台

を飛び越えそうな勢いで渡り、フープをくぐって立ち幅跳びをし、小ボールを遠投で10メートル先の壁にぶち当て、先生の指示を完璧に、しかも誰よりも俊敏に力強くこなし、ゴールした瞬間に指の先までピンッと伸ばした姿勢で静止を決めました。

得意の制作では、大好きな「飛ぶもの」という課題を得て、ペットボトルと画用紙に、目を見張る緻密さとスピードでハサミを走らせ、ポンキーペンシルやテープやモールを使って装飾し、粘土でバランスを取り、見栄えの良さが人目を引くばかりか、実際に水平飛行をするロケット作りました。

そして先生のさまざまな質問に、まっすぐに向けた目でとうとうと語って答え、行動観察ではそのロケットを使った遊びを提案し、10人いるグループの子どもたちを引っ張ったのです。

そして、結果もその通り。
Kくん、慶應義塾横浜初等部、合格！

受験当日は、わが子を本調子で送り出してあげてください

試験当日の朝です。お母さん、よく眠れましたか？
舞台の幕開けを待つような、緊張した時間が粛々と過ぎていきますね。今日まで積み重ねてきた努力が、母と子を支えていますよ。「いつもと同じ」を意識しながら、当日の準備を進めましょう。
前日の夜に忘備録をチェックしておいたおかげで、持ち物の不安はありません。
試験や面接の時、先生からわが子へ質問されるときがあります。
「今朝はなにを食べてきましたか？」
その質問に答えられるよう、いつも通りの栄養バランスに気を配った、お母さん手作りの朝ごはんで朝食はしっかり摂りましょう。
その日は2校、場合によっては3校受けるかもしれませんね。
途中でエネルギーが切れないように、チビおにぎりをいくつか、お母さんのバッグに忍ばせておくといいでしょう。お腹がすきすぎて電

車の中で、猛然とほおばるわが子の姿が見られるかもしれません。お行儀はほめられませんけど、今日だけ特別。

そして、学校が近づいたら、練習通りに姿勢を正し、正門の前ではしっかり立ち止まり、守衛さんにもあいさつをし、気持ちを整えて門をくぐりましょう。これから先、6年間お世話になるかもしれない学校です。

落ち着いて、掲示物や係の人の案内を確認し、指定された通りに行動しましょう（思い込みで間違える人がすごく多いです）。

待合室となる教室では、親子ともに、いつもの力を発揮できる体勢を整えて待ちましょう。このとき、わが子が好きな本や、パワーが出てくるおまじないをかけたグッズがあってもいいですね。

そして時間です。開始を告げる係の人が教室に来て、わが子の番号を呼びます。

お母さんの直前の一言が、お子さんのがんばりを後押しする

ここがお母さんの正念場。お母さんは、わが子の気持ちが最高潮に充実する表情を作って、一言、伝えてください。その表情と言葉を受け取って、わが子は試験場へ進んで行きます。

お母さんはどんな表情でしたか？

笑顔でにっこりでしたか？

「がんばって！」と励ましたのですか？

それとも、口を真一文字に結んで、わが子の両手を握り、瞳を合わせ、穏やかに無言で送り出しましたか？

肩を抱いて、「楽しんで来てね！」とリラックスさせたのですか？

いろいろな方法がありますね。

どんな表情でも、どんな言葉でも、わが子の気持ちが一番乗れる送り出し方を、お母さんは知っていますよね。それを知るために、10月校の受験で練習をしたのでしたね。だからだいじょうぶ。

あとは、わが子ががんばります。

このように、試験に入る直前に、お母さんは（お父さんが同行した

方がいい場合も少なくありません）本調子で送り出してください。

　そして、じりじりとした待ち時間が終わると、試験を終え、緊張から解き放たれた表情でわが子が帰ってきます。

　この時ばかりは、お母さんの満面の笑顔で迎えてあげるといいでしょう。万全に迎えるとは、戦い終えたわが子をしっかりと受け止めてあげることです。

　合格の手応えがあるぐらい良くできたかもしれません。反対に、しょんぼりするほどできなかったかもしれません。わが子の表情はいろいろなことをお母さんに伝えるでしょう。でも、この学校の試験は終了です。結果が良くても悪くても、次に進むことです。

　そして、校門を出るまでが試験ですよ。だれかが見ていないとも限りません。特に、知育の試験では高得点のようだが、行動観察で少々はしゃぐところが気になったな、といった子の場合は、最後の見極めをどなたか先生がなさっているかもしれません。最後の最後でバツとならないように注意してください。

解説 喜びと悲しみの11月

　早くも11月第一週に、合否が出始めます。男子で暁星・成蹊が第一志望だったお子さん、女子では名門女子校が第一志望だったお子さんのほぼすべてに合否が届きます。

　早実初等部の一次合格も出ますね。そして早実二次試験が続き、合格発表は二週目。慶應幼稚舎は、試験は終了ですが合格発表は三週目まで先延ばしです。

　早々と11月1日、2日で合格を決め、「これにて受験終了！」という方がいます。さっそく合格の報告にお越しいただいた、お子さんとお母さんと私たちも手を取り合い「おめでとうございます！」と喜びを分かち合います。私たちにとってもご家庭にとっても、最高の瞬間です。

　問題なのは不合格だったご家庭です。私たちが本格的にご家庭に寄

り添うのは、実はこれからなのです。

　私の教室でも11月1日には新年度が始まり、幼稚園ではまだ年中さんであるお子さんが、新年長さんとして1年後の入試本番を目指し、新クラスがスタートしています。でも、それと同等以上に大事なのは、旧年長の子たちの仕上げの応援です。

　私たちにとって、今まさに受験を戦っている旧年長のお子さんとお母さんたちのお世話が本格的に忙しくなるのが、これからの2か月間なのです。

　11月末に学芸大学附属小学校4校の入試があり、12月に入り御茶ノ水女子大学附属小学校があり、最後の入試がクリスマス前に行われる筑波大学附属小学校まで続きます。

第一志望合格だけが成功じゃない

　受験は合否の結果を伴います。結果はいつも厳粛なものです。

　不合格という悲しいお知らせは、まるでわが子を否定されたような気持ちになるものです。

　そしてお母さんは、今までの子育てを全否定されたような絶望感を覚えるかもしれません。

　もしもそんなことがあったなら、お母さんはまず、かけがえのないわが子と一緒に、目標を持って充実した日々を過ごしてきたことを思い出してください。

　そしてわが子が素晴らしく成長したこと、そのことをなにより喜んでください。

　がんばって輝く子に育ったわが子は100点満点でしょう？　そして、この日まで一生懸命に努力を重ねたお母さんも100点満点でしょう？

　大切な、かけがえのないわが子です。学校に合否という形式で評価させたりしちゃ、いけないんですよ。

　お母さんがわが子を認めてあげる。そしてお母さんのがんばりは夫が認めてあげる。夫が妻の苦労をねぎらって、もし不合格だったら、その悲しみを全力で受け止めてあげる。これが大事なのです。

お母さん、悲しむ気持ちに区切りをつけて次の目標に進みましょう。

お母さんに、泣いているいとまはないのです（まるでお母さんが不合格だったかのような話ですが、そうではありません。人生のシナリオを書くコツは、「最悪の事態を想定して準備をし、最善の結果を招くこと」ですから）。

もし、大学付属小学校が第一志望だったとして、そこがバツだった時、次はどうするのか？ 併願校として合格した学校に進学するのか？ その先では中学受験をするのか？ それであれば、そのために最適な小学校を受験するのか？ あるいは、国立大学附属小学校に進学の狙いを定めるのか？

さまざまな次の作戦が必要です。今から願書を取り寄せて、出願から始めなければならないこともあるかもしれません。

わが子の前ではお母さんは泣かないで……

ある年の、そんな11月初めのことです。

暁星小学校が第一志望で、年長の春に他教室から移ってきたNくんのエピソードです。

Nくんは入会が少し遅かったこともあり、私の教室の基準ではペーパー力で少し力不足のところがありました。私たちもNくんの暁星合格に向け、最大限の努力をしたのですが、残念ながら暁星には間に合わない結果でした。

11月に入ってからも、うちの会では旧年長さんのための慶應・早実速報講座があります。11月最初の入試での合否を受け、悲喜こもごものお母さんが一堂に顔を合わせます。

満面の笑みが、隠しても浮かんでしまうお母さんたちの間で、Nくんのお母さんが涙を流している姿が目に入りました。忘れもしません。一番右の列、前から3番目の席でした。私はNくんのお母さんに語りかけるつもりで話し始めました。

「お母さまたち、11月に入り、入試の結果も出てくるようになり、大変お疲れさまです」

見渡すと、改めてさまざまな表情のお母さんが並んでいます。
「10月の試験では結果が良かった方も、11月に入ってから苦戦されている方もいらっしゃると思います。でも今、わが子の受験は始まったばかりです。途中経過でお辛いことがおありのことも、私は理解しています。一緒に辛いお気持ちは分かち合います。私のところへいらしてください」
　そして私の目の端に、Nくんのお母さんがそっと涙をぬぐう様子が映りました。
「ただね……」と私は言葉を選びながら続けます。
「不合格を学校からいただいたからといって、わが子の前でママが泣いたりしちゃダメなんです。特に男の子のママ。お辛いと思います。でも、泣くのは心の中で、ね。私も一緒に心で泣いて、気持ちを分かち合いますよ。だからわが子の前では、強いママを演じてください。
『なにがあってもだいじょうぶ。あなたのことはママが一番わかっているから。あなたは強い子だから、少々のことなんかでへこたれない。だいじょうぶ。明日、挑戦していらっしゃい』と、こうやって、笑顔で送り出してあげてください」
　それがNくんのお母さんに贈る、私の精一杯の励ましでした。
　こうして体勢を立て直したNくんのお母さんのもとで、Nくんは見違えるように輝きを取り戻しました。
　その結果は、早実初等部の一次試験に合格です。そして私の教室が恒例として行う、早実一次試験合格者に向けた、二次親子面接大特訓でお父さんと一緒に冷や汗をたっぷりとかき、早実の二次試験にも見事に合格を果たしました。その合格を受け、さらに本調子となったNくんは慶應横浜初等部にも合格を果たしました。
　大成功です。お父さんの職業や家庭の環境を考えると、当初の目標よりずっと適性の合う学校に合格できたと思います。

「受験の神さま、あのとき落としてくれて、ありがとう」

「理事長先生の、あの日のお話は、みなさんに、そして私に向けてお

話しくださったことですね」

筑波小学校の受験を取りやめ、合格の報告に来てくださったNくんのお母さんはそうおっしゃいました。

「あの時、暁星がダメで、『不合格だったじゃない。恨んでやる！』って（笑）、今だから言えるのですが失礼ながら思ってしまい、涙を流していましたが、先生のお話をお聞きして、それがすっと胸に入り、はっとしました。『こんなことじゃいけない。私はこの子の母なんだ』と、そう思って気を取り直すことができました」

お母さんは思い出したように、また涙を浮かべながら続けます。

「あの日、先生の言葉がなかったら、私はきっとメソメソ泣くだけで、そんな母の姿をNが見たら動揺して、その後の学校に合格をいただくことはできなかったと思います」

Nくんが、はにかんだ表情で隣のお母さんを見上げていた姿が思い出されます。

私は「ああ、お役に立ててよかった」と胸をなでおろすとともに、「合格させて当然。ダメなら恨まれてしまうかもしれない。それが私の仕事なんだ」と、そう再確認しました。そういう母の思いを真正面から受けて、背筋が伸びる思いがしました。

見出しにした「受験の神さま、あのとき落としてくれて、ありがとう」という言葉は、わが子の大学合格を報告してくださったお母さんの言葉です。

今を去る十数年前にお子さんは、第一志望だった慶應幼稚舎に不合格となりました。そして暁星小学校に進学し、小学校受験で培った努力そのままに生活習慣を整え、見事12年後に大学医学部に現役で合格しました。

「あの時、万一幼稚舎にご縁をいただけたとしたら、うちの子の性質を考えると、医師の道に進める可能性はゼロだったと思います。『受験の神さま、あのとき落としてくれて、ありがとう』と今は心からそう思います」

解説 さぁ、11月の2週目以降に入って

　この入試本番が始まるまでは、あまり現実的に考えていなかった学校が、第1週目以降の結果を踏まえて本命校に変わることがあります。

　宝仙学園小学校は中学受験を志す方にとっては最適な小学校のひとつです。その一般入試は11月半ばに実施されますが（推薦入試は11月1日）、苛烈を極める入試となります。

　なぜなら、「うちこそは暁星に進学するはずだったのに！」とか「どうしてうちの娘が白百合に合格できなかったの！」といった、じゅうぶんに合格の力があったはずのお子さんが、大挙して宝仙小学校を目指すからです。ですから競争率も高く、補欠合格の繰り上がる数が極めて少ないのが特徴です。

　本当の意味で慶應義塾を信奉する方や、熱烈な早稲田LOVEの方は、結果に不本意だった場合、中学受験で付属中学を目指します。ですから、ひとまず小学校受験はここで終了、という方が多いです。

　小学校受験で善戦したお子さんは、合格した私立小に入学手続きをせず、あえて公立小学校に進学を決めるという方も少なくありません。

　そして次に、いよいよ小学校入学試験の大団円を迎えますが、国立小学校の入試に突入します。

　まず学芸大学附属小学校です。竹早・世田谷・大泉・小金井と4校ありますが、試験日は11月末に実施されます。12月にお茶の水、筑波と続きます。

　国立小学校を受験する方には二通りの志望動機があります。

　ひとつは、最初から国立小学校がそれぞれに持つ校風に惹かれて受験をする方。これはきわめて純粋な動機ですね。

　そしてもうひとつは、「慶應幼稚舎め！　わが子を落とすとはまったくけしからん！　ならば国立小学校に合格してリベンジを果たすぞ！」という、若干屈折した動機で、緊急に国立小受験を決意した方（お気持ちはわかりますが……）です。

130

解説 「抽選だから国立小は運さえあれば合格する」は大間違い

　国立小学校というとすぐ頭に思い浮かぶのが抽選です。

　小金井、世田谷のように一次に抽選がなく、志願者全員が試験を受けられる学校もありますが、その他の学校は一次で抽選に通らないと、二次の本試験を受験することができません。その上、最後の関門として、二次合格者は最終の三次抽選に通ることで、晴れて入学予定者の通知を受け取ることができるのです。

　この抽選があるため、一般的なイメージとして、「抽選に通りさえすれば入学できる」という誤解から生じた、安易な動機を耳にすることがあります。

　「うちは国立小だけ受けようと思う」という一部のママの話ですね。

　イメージとしてはそうかもしれませんが、竹早の二次試験（考査）は約8倍の倍率があります。三次の抽選までを含めると約70倍です。

　私の教室でも最近とみに国立小学校に進学を希望する方が増えていますが、受験の準備は私立小の場合とまったく同じです。

　国立小の合格者は、ほぼ全員が、それ以前に私立の最難関小学校から合格通知をいただいています。

　なお、学芸大学附属小学校は、11月末の同日に入試が実施されますが、2校を併願することも不可能ではありません。

　ただし、そこには出願のテクニックが要ります。午前中が男子、午後が女子という試験であるなら、願書の提出時間で調整が可能になることもあります。

　いずれにしても、まったく校風の異なる学校ですから、国立小というひとくくりで志願するだけでなく、積極的に志望する動機が明らかであることが望ましいです。

　ここまでが長くて険しい、11月の小学校入試街道の道のりですが、さらに12月まで続く人も、少なくはないのですよ。

11月

12月

そして迎えるグランドフィナーレ。
お茶の水・筑波は最後の砦

●エピソード12月
神さまの思し召し

　Kくんはせっせと作業をしていました。
　左手に色紙、右手にはさみ。この1年で見違えるほどの、作業スピードの進歩です。
「慶應コースのA先生、W先生、それとM先生、S先生、それとそれとN先生……忘れちゃいけないT先生」
　指折り数えて、先生の人数をチェックし、カードの台紙にする色紙を切りそろえるKくんを見て、ママは感心しました。
「義理堅いのねえ」
「うん。お礼にね、クリスマスカードがいいやって思ったから」

　Kくんファミリーは、かしこまって円卓を囲みました。
　そしてKくんの来るべき将来の可能性を真剣に討議した結果、慶應横浜に進学することを決めました（もしかすると、引越すかも）。
　その結果、学芸大附属竹早と筑波の二次考査を辞退することを決め、Kくんの小学校受験はすべて終了しました。
　もちろん国立が第一志望の家族にとっては今がまさに正念場であり、また私立の受験で不本意だった家族にとっては、並々ならぬ決意で臨む国立の試験でした。

　Kくんのママはというと、慶應横浜に進学できる上に、早実からも成蹊からも、国立学園からも西武文理からも合格をいただいているのですから、それはもう大成功といえる結果です。不服など言ったら、間違いなく神さまに叱られそうです。

ですからKくんのママは笑顔で過ごしましたが、幼稚舎と暁星に不合格だったトラウマは残っていて、今もまだときおり駅の階段でも転びます。ママの両膝は大きなバンドエイドが貼ってあります。
　俯瞰して見ると、力んで受けたところはダメで、力まず自然体で受けられたところはOKという結果です。
　じゃあ、気持ちを込めない方がいいのかというとそういうわけでもないので、だれにでも当てはまるような方法論はありません。
　結局、人生の今の時点ではなく、もっと先へ進んだときに正解が見つかる。それが、神さまがお選びになった現時点での答えだ、ということに思えてきました。

● エピソード12月
身についたのは、親子して困難から逃げない生き方

　クリスマスカードを教室の先生たちにお届けした帰りでした。
　教室の廊下に光が射しこむような笑顔のIちゃんのママがいました。知っていますとも、発表の日には、一番に情報が入ってきましたもの。幼稚舎合格！　やった！
　目が合ってお互いに歩み寄ると、「おめでとう、横浜初等部！」とIちゃんのママから第一声です。
「ありがとう。先に祝福されちゃった。Iちゃんこそおめでとう。素晴らしい！　やっぱりIちゃんはすごい！　私、わかっていました、ぜったいに幼稚舎に合格するって」
「全然！」と手を横に振って謙遜しながら、Iちゃんのママは、最初から気乗りのしなかった女子校での失敗を語りました。
「Iったら言うの。『ママ、あっちにもこっちにも、ねずみ色の頭巾をかぶったおばあさん先生がいて、すっごく怖かった』って」
「それ、シスターじゃない？　頭巾って……」
「失礼でしょ。もう、そんな子はいりません。うちに来ないでくださいって感じでしょ？」
　Kくんのママは笑って同意しました。
「おまけにね、Iったら、『この学校に来るのいやだし、ペーパーわか

らないから』って、机の中に試験用紙を突っ込んで帰ってきちゃった
のよ！」

　Kくんのママはこの1年で一番の大笑いをさせてもらいました。

　すごいなあIちゃん。スケールが違うもんなぁ、と本心で感心しま
した。

　子どもって周りの環境を見て、いろいろな抑圧を感じ取るはずなの
に、「自分は自分」で通しちゃうその強さ。やっぱり幼稚舎に合格する
子って、芯の強さが違う！

「でも、併願校に合格をいただいたって言っても、そこに進学するこ
とになったら次に中学受験が待っているんだもの、もーー、辛かっ
たぁ、11月の2週間」とIちゃんのママ。

「横浜も発表が11月の末ですもの。3週目の二次試験が終わってから
の発表を待つ間は、死刑執行を待つ1週間みたいでした」

「地獄よねぇー」

「地獄を見ましたぁ」

　なんだか合格をいただいたのか、ダメだったのか、横で聞いていて
も不明な会話です。それぐらい、小学校受験は子も親も過酷だという
ことですね。その理由は「合否がある」からです。

　だから結果によらず、親子して乗り越えられた充実をどこかに残さ
ないと、結果だけを審判するようなことがあってはいけないな、と思
うKくんのママでした。

●エピソード12月
最後は、わが子を信じること

　そんなところに、Mくんのママが廊下の壁をくるりと回って現れま
した。

　Iちゃん、Kくん、二人のママははっと息をのみました。Mくんはま
だどこからも合格通知が届いていないのでは、という風の便りが届い
ていたからです。

　Mくんのママは二人を見つけると駆け寄り、その目からみるみる涙
を溢れさせました。

12月　そして迎えるグランドフィナーレ。お茶の水・筑波は最後の砦

「通ったの。三次の抽選」

「えっ？」

「筑波、受かったの」

そこからはもう、噴火でもしたかのような喜びの大爆発です。

おめでとう、ありがとう、よかった、おめでとう、ありがとう、ほんとによかった、と抱き合う三人は、もう言葉になりません。涙と歓声でぐちゃぐちゃです。

Mくんのママこそ、過酷な受験でした。10月の埼玉校から始まり、なんと9校！　連続で不合格だったのです。

Mくんは3月生まれでした。生まれ月の考慮がある慶應や早稲田でも厳しかったようです。そして1年足らずの準備期間です。

「さすがに学芸小金井がダメだったときは凹んだわねー。でも、悲しんでもいられないのがよかったのかな」と言ってMくんのママは傍らの赤ちゃんを抱き直しました。Mくんの下に、まだ二人のおチビちゃんがいたのです。

「でもね、小金井がダメだった晩に、初めてMが泣いたの。そしてね、『お母さん、僕、合格したいよ。このまま終わりじゃいやだ。絶対にがんばるから』って言ったのね。もう私はその言葉が聞けただけで、あぁ、受験したことは無駄じゃなかったって思えたの」

それを聞いて、また3人のママは涙、涙となりました。

小学校受験って、親の受験です。親が子に、成長させてもらうための受験なのです。それが心に沁みたママたちでした。

わが子は小学校受験の準備を通し、自立することが身につき、さまざまなスキルが身につきました。

4月に小学校に入学し、Kくんとママの新しい生活が始まりました。

クラスでの話を聞いてみても、なんとなくわが子は態度や言動で、まわりから一目を置かれる存在になっているような気がします。

「ただいまー、なんかない？」と帰宅したKくんは、手洗いを済ませると冷蔵庫に直行し、自分で目玉焼きを焼いて、食卓で一瞬のうちに平らげ、学校の宿題を広げて取りかかっています。

12月

135

この生活習慣が残ったことこそ、小学校受験最大の収穫だったな、とそう安堵したＫくんのママなのです。

受験の仕上げは家族会議!

　第一志望に合格した方、まことにおめでとうございます。
　第二志望、第三志望に合格した方、素晴らしい。おめでとうございます。
　併願校に合格した方、よかった、よかった。おめでとうございます。

　さまざまな思いがあると思います。どのような形であれ、お子さんと家庭を歓迎してくれる学校に巡り会えたことは幸せなことです。本当によかった。おめでとうございます。
　次に進むのは「進学する学校をどこにするのか？」の決定です。
　私はこの大きな課題と正面から向き合うことが、今までなおざりにされてきているように思います。
　でも実は、進学校を決定する最終的な話し合いに、わが子が自分の意思を通せるかどうかで、わが子のその後の人生の歩みが激変することを、お父さんとお母さんはご存知ですか？

自分で決めた学校に通うということ

　以前こういうことがありました。
　正月4日、仕事始めの日に、おめでたいお正月を迎えられたＣちゃんのお父さんとお母さんを教室にお迎えしました。
　わざわざ、ごあいさつにお越しになったのです。でっかい相談を大黒袋に入れて。
　Ｃちゃんはとてもがんばりました。学芸大学付属小学校と名門女子校に合格しています。どちらに進んでも、Ｃちゃんは幸せになれる子だと、私は思います。
　実はＣちゃんにはお姉さんがいます。Ｃちゃんが合格した名門女子

校の3年生です。Cちゃんのがんばりの起点はお姉さんでした。

「お姉ちゃんと同じ学校に行きたい」

そんな思いが、Cちゃんを前に向かせたのですね。

合格おめでとう、Cちゃん。

ですからなぜ、ご家庭が国立の受験までがんばるのか、私にはその時点では若干「？」でした。

そこでお父さんのお話です。お父さんもお母さんも、とてもかしこまった硬い様子で、ぜんぜんおめでたいごあいさつに感じられなかったのです。

「実は困っております」

医師であるお父さんは極めて真面目な表情です。

「どうされました」

「今日は、娘が進学すべき学校についてご相談に参りました」

「そうですね。なにかお考えがありそうなことは感じていました」

「はい。先生もご存じのとおり、姉は女子校に通っております。とても素晴らしい学校で、私どもも親として安心して娘の教育をお預けしております」

お母さんも医師であり、恵まれた教育環境のご一家ですね。

「ですが先生。実はCを国立に進学させたいのです」

「それはまた、なぜ？」

「姉の通う女子校は、心の教育という面では申し分ないのですが、私どもは二人の娘を、先々は私たちと同じように、医療の現場で患者さんのために尽くすような道を歩んでほしいのです」

「なるほど」

「そのためには、もしかすると理系や医学部への進学する態勢がその女子校は強くないのではないか、リスクを分散するためにも、Cは国立に進学させたほうがいいのではないか、という当初からの迷いが、今日に至っております」

なるほど、よくわかりました。それで理解できます。

「Cちゃんは、がんばり屋さんですよね。そして姉思い。お父さんやお母さんの言うこともよく聞く子ですよね」

「その通りです」

「本当は甘えん坊で、もっともっとお母さんにも甘えたいのに、次女のわきまえというか、自分ががまんして、お母さんに負担をかけまいとか、そういうところがありますよね」

「おっしゃる通りです」

「そうすると、当然私はお姉ちゃんと同じ学校に通うためにがんばったのに、通わせてもらえない。別の学校に行かされることになった、と思うかもしれませんね」

「そうなのです」

「たぶんCちゃんは、がまんしてあまり文句も言わず、親の決定に従うと思います。でも、もしかしたら『お父さんとお母さんは、お姉ちゃんは大事にしたのに、私はお姉ちゃんの学校に行かせてもらえなかった』と思うかもしれませんね。その思いを心に封じ込めたまま大人になると、先へ行ってからあまり良くないことになるかもしれませんね」

「私たちが頭を抱えているのはまさにその点です。姉はひいきされて、私には学費を惜しんだのではないかとか、あらぬ疑いを抱えて苦しむのではないかと……」

　これはね、実は大問題ですよ。似た事例に、私は数多く接してきました。

　学校って、私立も国立も区立も、どんな学校に進学しても、すべての子どもにとって心地よいパーフェクトな環境ではあり得ないのです。なぜなら学校は、さまざまな軋轢を経験する場でもあるからです。

　どの学校に進学しても、必ず人間関係や勉強やクラブ活動やその他の何やかやで、つらいことや嫌なことが起きるのです。なぜならそれを克服することを学ぶ場が学校だからです。

　そのとき、自分で選んで進学を決めた学校なら、がんばることができます。しかし、自分が行きたい学校があったのに、親の勝手な決断で決められた学校では、がんばることができないのです。

　そこに自分の意思で決めた学校ではない、という意識が強く働くからです。

私は少なくはない数の子が、それを理由にドロップアウトしている
ところを見ています（特に中高生）。ですから、そんなかわいそうな思
いをわが子にさせないためには、自分で決定させることです。

ただし、人生の重大事項の決定を子どもに丸投げするのではありま
せん。親が大人の知恵を発動し、導いてあげればいいのです。

そしてあたかも、自分で進学する学校を決めたように本人に思わせ
ることが肝心です。

つまりここでも、素敵なカン違い大作戦ですね。

Ｃちゃんの場合、お父さんとお母さんはお医者さんなのですから、
当然、患者さんとは疾病や治療の方法をめぐってインフォームド・コ
ンセントを行うはずです。

Ａの治療法のメリットとデメリットを説明し、Ｂという治療法のメ
リットとデメリットを説明し、どちらの治療法を選択するか、患者さ
んの意思を尊重して話し合う場があるではないですか。これです。

そしてＣちゃんの場合は、お父さんとお母さんがＣちゃんと話し合
う時は、国立に進学するメリットを少し多めに盛り、デメリットを少
なめに話し、お姉ちゃんの学校に進学するメリットとデメリットを逆
に盛ればいいのです（医療の現場では問題があるかもしれませんが、
親子であれば誘導は許される範囲でしょう）。

その話し合いの結果、あたかもＣちゃんが「自分で決めた！」と思
えるように、親として誘導することですね。

幸いその日は、得心して帰ったＣちゃんのお父さんとお母さんです。

そして４月のある日、うれしいお便りが私に届きました。

とてもていねいなお母さんのお手紙と、お父さんとお母さんに囲ま
れた、Ｃちゃんの笑顔の写真です。丸い帽子の下に、意志の強い目を
したとても良い笑顔のＣちゃんです。

晴れやかな、入学式の写真です。桜も背景に映り込むその正門は、
国立小学校でした。

さあ、受験を終えたわが子を、たくさん抱きしめてあげてください。

「がんばったね」
「えらかったね」
「お父さんもお母さんも、一緒にがんばったよ」
「最後まで全力を出してがんばったきみのことを、お父さんは誇りに思うよ」
「お母さんも、とってもうれしい。あなたがすごく成長したことが」

そう言って、抱きしめてあげればいいのです。
それができれば、素晴らしい家族なのです。
もはや結果は関係なくなります。結果を超越してしまったのですね。
だからお父さんもお母さんも、わが子が自分でとべるように力をつけてあげてください。

自分の足で跳び、自分の翼で飛べるように。
たくさんのスキルを身につけさせてあげてください。

お子さんが、輝くわが子になれるように、応援しています。

おわりに

　ある、冴えわたる青空の日でした。会員さんのお母さんが、顔を真っ赤にしてお怒りです。

「理事長先生。もおっ、なんとかしてください。うちのばか息子ったら。とにかく反抗的で、ペーパーを始める前からその態度ががまんできません。一日に何発までならひっぱたいてもいいでしょうか？」

　私は吹き出しながら、「Ｕくんのママは一生懸命だからなぁ、わかりますよ、そのお気持ち。でも男の子ってそんなものですよ。Ｕくんは素晴らしい子じゃないですか、男の子らしくて。少々言うことを聞かなくても、ちょうどいいぐらいでしょう」と答えました。

　実際、なんでもママの言うことをきく男の子のほうが、先々心配ではないですか？

「私もなんとか落ち着こう、と思っていろいろ気分転換をしてはいるのですが」

「そんなときは、そうだなぁ。ママが人生で一番うれしかった瞬間ってどんな時でした？　それを思い浮かべてみたらどうでしょう」

　そう私は言いながら、自分ならどうかなと思いを巡らせました。すると、ある情景がふと浮かび、意識もせず、ぼろぼろと涙が溢れてしまったのです。

「どうなさいました？」とママに驚かれたことも恥ずかしかったのですが、それを口にするのも気恥ずかしい。

　娘が妻のお腹に宿ったことを知った午後の日を思い出したからです。

　今は昔、私自身が自らを持て余すような少年時代に、あまり自己否定することなく、自己肯定感を持てたのは、愛情を注いで育ててくれた父母のおかげと感謝するところです。

　そしてまた、私の祖母が、離れて育つ私のことを絶えず想い続けてくれたおかげだと思います。父の生家の、一番奥詰まりにある広い仏間で、裏庭に向かって座る小さな祖母の横顔が思い浮かびます。その

141

手にはいつも私の写真があり、飽きることなく日がな一日、ずっと眺めていたそうです。私の心の片隅には、守り神のように、いつも田舎の祖母がおります。

　娘がまだ2、3歳だったときです。夜のTDLで寒空の下、抱き上げた娘と頬をくっつけ、エレクトリカルパレードを見ていたときでした。私の目は、私にとってはもう食傷気味のパレードを追うのではなく、目新しさにぱっと見開いた目でパレードを見つめる娘の瞳を追っていました。

　パレードの光芒が流れていくさまを見る娘の瞳に、なにかが映っているのを、ふと見つけました。

　なんだろう？　と凝視すると、それは娘の瞳の中に小さく映る私の瞳でした。

　私の目は娘を見、娘の目はパレードを見ている。それはまた別の想いを私に起こさせました。

　私をいつも見守ってくれる私の祖母は、天上からこの世を俯瞰しているのではない、私の目を通して見ているのだと。

　祖母は私の目を通してひ孫を見ている。

　そして、私がこの世を充実して過ごすと、それはそのまま天上の祖母に伝わる。そんな確信を持ったのです。

　私がわが子に伝えている多くのことは、私の父母が私に伝えたことです。それを父母に伝えたのは祖父母です。

　家の中で大事にしていること、価値観、さまざまな決め事。それらはみな、大きくとらえて言うなら「愛」だと思います。

　祖父母から親へ、そして子へ、さらに孫へと流れていく愛を途絶えることなく伝えていかれることを願い、私はこの本を、そして前作を書いています。

　わが子に、夫に、妻に、父母に、大切な人に、だれよりも、なによりも、あなたを愛していると伝えていただければ、と願います。想いが伝わることを願ってやみません。

おわりに

　そして、ありのままのわが子を受け入れ、わが子が自ら気づけるよう応援し、成長を見守ることができる親でありたい。
　私もそう願っています。

　この場をお借りし、一緒に苦楽を共にし、エピソードにも登場していただいたお母さんに厚く御礼申し上げます。
　そして、いつも子どもたちとご家庭のために献身してくださる先生、事務のみなさん、どうもありがとう。いつも感謝しています。

　ばんえい競馬の農耕馬の尻に鞭を当てるがごとく、「45日間で13万字を埋めよ」と具体的な数字を挙げて私を追い立ててくださった現代書林の松島さんに、今回もお礼を申し上げます。
　駄馬なる私が、いつの日か駿馬になれる日が来ることを祈り、今回もひとまず筆をおきます。

　拙著をお読みいただき、ありがとうございました。

2016年8月
　　　　　　　　　　　　　慶応会理事長　山岸顕司

慶應幼稚舎・早実初等部・筑波小学校に合格する子育て
〈書き込み式合格ノート〉

2016 年 9 月 29 日　初版第 1 刷

著　者 ─────── 山岸顕司
発行者 ─────── 坂本桂一
発行所 ─────── 現代書林
　　　　　　　　　〒162-0053　東京都新宿区原町3-61　桂ビル
　　　　　　　　　TEL／代表　03（3205）8384
　　　　　　　　　振替00140-7-42905
　　　　　　　　　http://www.gendaishorin.co.jp/
カバーデザイン ─────── 福田和雄（FUKUDA DESIGN）

印刷・製本：広研印刷(株)
乱丁・落丁本はお取り替えいたします。

定価はカバーに
表示してあります。

本書の無断複写は著作権法上での例外を除き禁じられています。購入者以外の第三者による本書のいかなる
電子複製も一切認められておりません。

ISBN978-4-7745-1591-5 C0037